Leelas

Tabla de Contenido

1

Leelas de Swami en mi Vida

Leelas de Swami en mi Vida

Leelas de Swami en mi Vida

Dedicación

Con una inmensa gratitud, infinito amor y humildad, ofrezco mi historia a nuestro amado guía espiritual, Sri Sathya Sai Baba, en celebración de su cumpleaños de 85 años.

Agradecimientos

Agradezco de todo corazón a mi compañero Mauricio, quien editó y pudo ayudarme a estructurar mis recuerdos en una forma coherente, a John Behner, nuestro mentor Sai, en la India y Centroamérica, y a todos nuestros queridos amigos   Sai quienes me animaron a compartir mis experiencias de toda una vida con nuestro magnífico gurú, Sri Sathya Sai Baba, especialmente Phil Gosselin, Bill Harvey y Ronne Marantz.

Para esta versión en español agradezco la colaboración de mi amiga Maria Victoria Talavera, profesora de filosofía en las universidades de Honduras editando la traducción. También a mi sobrina, Aida Carolina Alvarenga estudiante en la universidad de McGill en Montreal, y mi amiga Regina Aguilar, destacada artista hondureña.

Introducción

Los últimos cuarenta años he sido bendecida al tener la oportunidad de interactuar con Sathya Sai Baba, una Reencarnación Divina. Hace un año me sometí a neurocirugía. Baba me ha dado una extensión en el planeta tierra. Nuestra familia Sai me tuvo en sus plegarias y me pidieron que compartiera mi dolorosa experiencia. Eso he hecho. Desde entonces muchas personas me han dicho que debería compartir mis experiencias directas de cuarenta años con el Avatar. Trataré de describir las circunstancias y escenarios con precisión, y haré mi mayor esfuerzo por recordar fechas y lugares. Comunicaré mi historia de forma sencilla pero con mucho amor. Aquellos que son devotos de Sai, sabrán exactamente a lo que me refiero. Otros pensarán que he perdido la cordura, como lo hizo mi propia familia cuando les revelé que había conocido a un ser que era Jesús en la tierra para mí. ¿Quién es Sathya Sai Baba? Déjenme introducirles al ser más extraordinario que camina hoy sobre esta tierra, tal y como lo experimenté en mi propia vida.

PREPARACIÓN

Una Pequeña Niña - ¿Quién Soy?

Yo apenas tenía un año de edad; mi padre falleció cuando tenía la edad de Cristo, a los 33 años, dejando a mi madre viuda a los 22. Eran la típica pareja de telenovela – una joven hermosa de estatus socio-económico bajo contrae matrimonio con un hombre de clase alta. Mi madre provenía de Maraita, un pequeño pueblo en Honduras. Ella aspiraba a ser diseñadora de modas. La familia de mi padre venia de San Juancito y Valle de Ángeles, pueblos mineros. Él era todo un personaje – hablaba varios idiomas, trabajaba con los norteamericanos en la *Rosario Mining Company*, y además era músico. También sabía de política; su mejor amigo se convirtió en presidente del país. Su sentido del humor cáustico era tal, que 65 años después de su muerte, aun recuerdan sus chistes.

Después de su muerte mi madre y yo pasábamos la mayoría del tiempo entre Tegucigalpa (la ciudad capital) y Maraita, con su familia. Mis abuelos, tres tíos, y dos tías me dieron todo el amor que necesitaba. Los hombres de la familia eran todos músicos. Las mujeres cocinaban comida exquisita y horneaban un sinfín de clases de pan. En la noche nos sentábamos alrededor de una fogata, y bajo la luna y las estrellas, contábamos historias.

Un día mi abuelo me regaló un caballo blanco. Yo tenía tres años y medio. Acomodé mi cabeza sobre una cerca de madera y observé a aquel animal hermoso. De pronto me dije a mi misma: "Yo soy Rosa; este es mi caballo." ¿Es aquí donde comienza el sentido de identidad: cuándo algo nos pertenece? "¡Sí! Yo soy esta persona, esto es mío. Tengo mi propia identidad."

Valle de Ángeles/La Iglesia Católica es mi Patio

Cuando tenía cuatro años viví en un hermoso pueblito llamado Valle de Ángeles por un año. Vivíamos en el centro del pueblo en una casa grande con un patio enorme. También pasábamos mucho tiempo en una propiedad en las montañas llamada "La Soledad de María". Fue entonces que un pequeño llamado Mauricio, mi alma gemela de toda una vida, apareció en mi vida. Él era un año mayor que yo, lo habían traído a Honduras por un año; ahí se convirtió en mi compañero de juego y mí protector. Un día nos mostraron un cuadro de dos niños caminando por el bosque con un ángel que flotaba sobre ellos. Nos aseguraban que era nuestro ángel guardián.

Un año después, como niña sola, me hice amiga de todos los niños de las casas vecinas. Cortábamos granos de café; nos degustábamos con todo tipo de árboles de fruta – nances, ciruelas, guayabas – nos encantaba jugar entre los enormes pinos. Había momentos en los que me aburría, y entonces hacia travesuras. Una vez vi pinitos recién plantados, y los corté para mostrárselos a mi tía. Ella se puso lívida. ¡Que barbaridad! El jardinero había pasado tres días sembrando esos árboles.

Amaba jugar dentro de entornos naturales. Montábamos a caballo; yo adoraba a mi caballo, él era muy gentil. Pero un día me caí, y él, accidentalmente pisó mi estomago. Mi abdomen se puso morado por varios días y los doctores me mantenían vigilada. En cambio, yo estaba muy preocupada por mi caballo. ¿Y si me moría? ¡Lo castigarían de forma tan severa! Después de todo fue un accidente nada más, yo no guardaba rencor en mi corazón. Almorzábamos en el campo, y nadábamos en el río. El agua era transparente; me encantaba saltar de piedra en piedra. La propiedad olía a jazmín; había todo tipo de flores, plantas y árboles.

Años después, en Nueva York, tomé un curso de fonética con Doe Lang, una actriz que escribió un libro llamado *Charismedia*. El primer ejercicio consistía de recostarse en el piso, relajarse, y tratar de recordar nuestra primera memoria. Mi mente retrocedió a un escenario magnífico. Era un domingo después de misa, yo llevaba puesto mi mejor atuendo, un vestido de encaje con tafetán blanco, y un par de zapatitos negros de charol. Me quité los zapatos y caminé en el lodo a la par de los lirios. El aroma era lo que llamaba mi atención. Doe Lang pensó que mi primera memoria era una de las más hermosas que había escuchado. ¡Sí! La naturaleza y yo éramos una y la misma.

Mi tío me regalaba juguetes estupendos. Yo tenía la mejor colección de soldados de Inglaterra. Mi tía se distraía enseñándome a leer cuando yo apenas tenía cuatro años y medio. Me memoricé el libro entero, pero ella pensó que yo sí sabía leer. Entonces, para presumir frente sus amistades, me ponía a leer.

Valle de Ángeles era el lugar más cercano a San Juancito, situado al pie de La Tigra, un bosque pluvial. San Juancito era un pueblo minero, del cual la *Rosario Resources Company* extrajo oro por casi un siglo. Mi abuelo llegó como ingeniero en minas de *Ecole des Mines* de Paris vía Martinique. Mi abuela era hondureña con descendencia española, era una mujer culta que leía a Shakespeare, Cervantes, y demás literatura. Enviaron a su hermano a Inglaterra para estudiar medicina. Las mujeres, en aquel entonces, no iban a la universidad, y tampoco tenían derechos cívicos. No fue hasta 1954, que el gobierno hondureño finalmente garantizó el derecho al sufragio de la mujer. Eran educadas para convertirse en amas de casa. Sin embargo, mi abuela leía todos los libros médicos de su hermano. A pesar que los mineros sufrían accidentes a menudo, no había facilidades médicas en aquel pueblo remoto. Mi abuela se convirtió en una doctora autodidacta; a raíz de su deseo y necesidad de aliviar el sufrimiento humano, realizó cirugías. Jamás cobró dinero a sus pacientes; ellos le ofrecían lo que podían – por lo general eran frutas y vegetales – después de todo, tenía que alimentar a una docena de niños. Mi abuela era una mujer fuerte, tenía seis hijos propios a raíz de dos o tres matrimonios, y adoptó otros seis.

Mi abuelo fue quien delineó los límites de Valle de Ángeles. El documento está escrito en letra gótica. Recuerdo que mis tías abuelas tenían baúles con lingotes de oro. Cuando se les acababa el dinero iban a Tegucigalpa a cambiar los lingotes por lempiras (moneda nacional de Honduras). Ese era su botiquín de supervivencia.

La iglesia católica del vecindario era mi propio parque de diversiones. Mi tía, Salvadora de Lozano, era la que decoraba la iglesia, utilizaba las flores más hermosas – lirios, rosas, jazmines, de todo – también vestía a los santos, les cambiaba de vestimenta para cada ocasión – si era navidad los vestía de blanco, si era Semana Santa de púrpura. Mientras mi tía trabajaba, yo correteaba por la iglesia; jugaba a las canicas, pero también tenía que recitar el rosario por horas. Subía a la torre donde tenían la campana; esta campana debía sonar unas cuantas veces al día para dar la hora, también sonaba cuando alguien fallecía. Anunciar la muerte de alguien, los rituales que le seguían, hasta el entierro, me fascinaban de pequeña. ¿A dónde van las personas cuando mueren?

Aquí fue donde aprendí sobre Jesús y sobre muchos santos – María, la Dolorosa, la Medalla Milagrosa, la virgen de Guadalupe, la virgen de Suyapa (la santa patrona de Honduras) y por supuesto, Santa Rosa de Lima, por quien fui nombrada. La iglesia tenía esculturas y pinturas preciosas, parecidas a las que tenía mi tía en su casa. Una de las pinturas más impresionantes era la que tenía ángeles en el paraíso en la parte superior y gente en el purgatorio en la inferior. Me asustó. No podía concebirlo. ¿Por qué iría alguien al purgatorio? Yo desafiaba a los sacerdotes con mi pregunta habitual: ¿Adónde vamos cuando morimos? Mi padre había muerto y yo no entendía porque él no había resucitado si Jesús así lo hizo. ¡Yo seguía creyendo que mi papá iba a entrar por la puerta en cualquier momento! El también podía resucitar. Yo fantaseaba que algún día él regresaría y me llevaría de excursión al cielo. La iglesia era preciosa, pero yo vivía frustrada con los curas cuyas respuestas no me satisfacían; me preguntaba ¿Dónde está mi padre? ¿Qué sucede cuando morimos? Yo tenía la esperanza que mi padre estuviera en el cielo con los ángeles y no en el purgatorio, pero nadie me lo podía asegurar.

Los sacerdotes, incluso el arzobispo, comían en nuestra casa. Las conversaciones siempre eran sobre temas religiosos. Mi tía arreglaba el comedor con manteles blancos, platos de Limoges y vasos de Baccarat. Sigo preguntándome como cosas tan preciosas viajaron desde Europa hasta aquel remoto pueblo hondureño. La limpieza era de suma importancia. Todos teníamos cubiertos con nuestras iniciales grabadas. En aquella área minera, la tuberculosis era común, y en nuestra casa todo estaba esterilizado para evitar cualquier tipo de contaminación. En aquellos tiempos no existían los antibióticos; mi padre y su hermana menor murieron a causa de esa enfermedad mortal.

Un día había mucha conmoción; pronto descubrí que mi tía abuela, la tía Catana, había fallecido. Fui la única menor en su velorio. Una vez ahí, tuve las agallas de ver su féretro, de darle el último beso, y enviarla al otro mundo.

Después nos mudamos a Tegucigalpa; nos hospedábamos en el Palacio Episcopal, donde vivían el obispo y los sacerdotes. El lugar era enorme, era el escenario perfecto para que los niños corretearan y jugaran a las escondidas.

Mi tía era una mujer sumamente religiosa y humanitaria, vivía para servir a los demás. Ella pertenecía a organizaciones que ayudaban a los desamparados. Los viernes, junto a un grupo de mujeres, cocinaba almuerzos gratis para los niños pobres – todo hecho en casa – pan, jaleas e inclusive chocolates. La cocina de mi tía era como la que se describe en el libro mexicano, *Como Agua para Chocolate*. Los viernes eran días festivos; yo me unía a un grupo de niños y la pasábamos de lo mejor.

Comunicándome con el más Allá

Mi curiosidad sobre la vida después de la muerte me perseguía. A los doce años escuche sobre un médium (alguien que se comunica con espíritus). Convencí a una amiga de mi madre que me llevara donde ella. Yo anhelaba hablar con mi papá. Entré a una casa de fachada humilde. La médium me preguntó mi nombre y el de mi padre. Encendió una candela, cerró los ojos, y empezó a respirar profundamente. Pronto me dijo que el espíritu de mi padre había entrado en su cuerpo. Le pregunté a él que como estaba y me dijo que todo estaba bien del otro lado. Me aconsejó que continuase siendo una buena persona y buena estudiante. Me dijo, "Dios está de tu lado". Yo estaba tan nerviosa que sentí que mi insistencia había llegado demasiado lejos, no importaba lo que yo hiciera, sería imposible regresarlo a mi lado, aunque la comunicación parecía ser posible. Mi madre se puso furiosa cuando le conté sobre mi experiencia; ella creía que era un peligro para mi cordura.

Un par de años después, cuando yo tenía catorce años, mi incógnita - ¿Dónde vamos cuando morimos? – me perseguía. Me crucé con una revista que promocionaba los estudios Rosacruces. Me subscribí para recibir monografías que provenían de San José, California. Fue a través de estos estudios que aprendí por primera vez sobre la reencarnación. Estas enseñanzas me parecían muy interesantes pero no gozaba de la privacidad necesaria para practicar los ejercicios que requerían. Mi tía abuela, "Goyita", era mi ejemplo Rosacruz a seguir. Ella era una persona tranquila, independiente y muy sabia. A los noventa años de edad, viajaba sola a países extranjeros, nadaba hasta lo profundo del mar sin temor alguno, y bailaba con los jóvenes como una adolescente.

Los milagros son muy importantes en el Catolicismo. Una vez fui a la Antigua Guatemala a rezarle a San Pedro de Betancourt, quien había sido canonizado por el Vaticano. Él era de las islas Canarias. Una voz le dijo que fuera a Guatemala, y siguió el consejo. ¡Al llegar se agachó para besar el suelo y la tierra tembló! Cuando yo llegué, también besé la tierra, pero ni se sacudió. Sin embargo, me impresionó la fe de sus seguidores.

Hello New York/ Bonjour Paris/ Paz y Amor

Durante mi niñez en Honduras, yo trataba a las personas por su nombre; nunca tuve noción de que la discriminación por raza o religión existía. Se me reveló por primera vez al llegar a los Estados Unidos que la distinción de razas, religiones y origen étnico eran motivos para menospreciar a las personas; el movimiento en lucha por los derechos civiles estaba en su apogeo. Me invitaron a irme de vacaciones a Nueva York. Fui al consulado americano y apliqué para la visa de residente. ¡La obtuve!

Aun después de haber sido expuesta a una serie de películas norteamericanas, al llegar quedé pasmada con el nivel de tecnología y la magnitud de los edificios. Las escaleras eléctricas fueron el primer reto que enfrenté en el aeropuerto internacional de Miami. La televisión aun no llegaba a Honduras. Con la excusa de aprender inglés, noche tras noche, me quedaba hipnotizada por aquel cubo que emitía imágenes. No iba a la iglesia muy seguido, pero era suficientemente de mentalidad abierta para acompañar a mis nuevos amigos judíos a la sinagoga durante fechas especiales.

Regresé a Honduras pero decidí que Europa, en particular Francia, por su cultura, sería ideal para ampliar mis horizontes. ¿Podría la filosofía occidental ayudarme a encontrar respuestas? En los años 60 el existencialismo francés estaba en su apogeo. Durante mis estudios en la Sorbonne de

Paris tuve la oportunidad de conocer a Jean Paul Sartre y a Simone de Beauvoir. Lo más interesante de mi confrontación filosófica con Jean Paul Sartre fue que él se burlaba de mí porque yo no sabía cortar el queso francés de forma apropiada. Me decía, "¿Cuánto tiempo llevas en Francia, y todavía no sabes cortar queso?" Yo le respondía, "Le apuesto que usted no sabría como comer tortillas tampoco." Dentro de lo que cabe, fui afortunada de tener la oportunidad de exponerme a los intelectuales de Francia. Admiraba la cultura francesa y me adapté con facilidad. Por fin estaba en un país donde sabían cómo pronunciar y deletrear mi apellido. ¡Qué alivio! Desafortunadamente, ni el existencialismo, ni la filosofía occidental me daban respuestas que pudieran apaciguar mi espíritu.

"El Sueño Americano" todavía me atraía. La juventud americana fomentaba un profundo cambio cultural con su visión respecto a los derechos civiles y movimientos en contra de la guerra de Vietnam. Aquel lema hippie sobre 'paz y amor' reflejaba una profunda añoranza espiritual, pero desafortunadamente, también creó una brecha generacional de juventud en estado de rebelión. En búsqueda de un escenario que tuviese antiguas raíces culturales entonadas en lo espiritual, Mauricio, su madre, y yo nos aventuramos en un peregrinaje hacia Huatla, México. Ahí fue donde el secreto de los hongos sagrados de los indígenas Mazatecos fue revelado al mundo occidental. Esta fue nuestra iniciación, la cual nos convirtió en una unidad familiar con un vínculo espiritual en común. Este fue mi regalo de cumpleaños. Yo estaba muy agradecida al poder conocer otra dimensión. Sin embargo, mi anhelo espiritual no se apaciguó, al contrario, se intensificó. Por bienaventuranza, mediante una coincidencia tras otra, llegaría a mi destino.

Tropezando con el Yoga

Yo tomaba clases de jazz y baile moderno cerca de Carnegie Hall en Nueva York. Un día presioné el botón equivocado en el elevador. Salí y abrí una puerta que me parecía me llevaría a mi estudio. Me encontré frente a un grupo de personas paradas de cabeza. Jamás había visto una *asana* de yoga. Este fue un desafío para mí. Cambié de baile a yoga inmediatamente.

Un accidente acaba con la vida del carro, pero no conmigo

En el verano de 1969 los fines de semana viajábamos a dos horas fuera de la ciudad, a Napanoch, NY. Llegábamos a una propiedad privada convertida en colonia de artistas. En uno de esos fines de semanas de septiembre, viniendo de la cima de la montaña hacia las casas, yo manejaba el Volkswagen de Mauricio. Decidí tomar un atajo que acortaría mi viaje. Doblé hacia la derecha, cuyo resultado fue pésimo. Estaba oscuro y el pasto muy alto. No pude ver aquella roca enorme contra la cual me estrellé. Perdí el control del automóvil. ¡Reaccioné rápidamente, abandoné mi asiento, y me sostuve de la puerta pasajera! Si me hubiera quedado en el asiento del conductor, mi cabeza se hubiera estrellado bruscamente. Clamé desde lo más profundo de mí ser: "¡Dios mío!"

Sí, estaba llamando a Dios. Sentía que estaba ardiendo, tenía los nervios de punta. ¿Acaso estaba herida? Milagrosamente, abrí el techo del carro y me arrastré para salir. Toqué mi cuerpo pensando que podría estar sangrando. Dios me salvó – ¡solo un par de moretes! De pronto me acordé que el carro se podría incendiar y las casas cercanas estarían en peligro. Entré de nuevo al carro para apagar el motor. El carro temblaba en sus últimos momentos de vida, totalmente destruido. Posteriormente el carro se botó, y la piedra quedó bautizada: "La Piedra de Rosa".

Corrí a la casa más cercana donde nuestros amigos estaban cenando. Riéndome nerviosamente, les conté que acababa de volcar la camioneta amarilla. Dijeron que habían escuchado ruido pero creyeron que eran los perros jugando con los tambos de basura. Me revisaron para verificar posible golpes. Estaba básicamente ilesa.

Justo después de aquel percance, camino a Manhattan, me mantuve en silencio. Realicé que pude haber quedado severamente lesionada. ¡Pude haber perdido la vida! ¿Cómo podía ser tan frívola? Iba a trabajar, tomaba clases en la universidad de Columbia e iba a muchísimas fiestas; no había puesto un pie en la iglesia en años.

El día después del accidente regresé a trabajar como si nada, pero mi vida entera había cambiado en aquel momento. ¿Será que iba a aprender más sobre el yoga y la meditación? ¿Será que ahora me iba a enfocar en buscar el propósito de la vida? ¿Encontrar mi inclinación espiritual? Me fui a una librería esotérica. Agarré un par de libros y comencé a leer *Autobiografía de un Yogui*, por Yogananda.

¿Rusia o la India?

Me fui de Honduras en 1959, a comienzos de la revolución en Cuba. Me preguntaba si el *Plan Quinquenal* en Rusia daría resultado para solucionar los problemas de pobreza en Honduras y otros países subdesarrollados. Me provocó aprender ruso, y esperaba un día poder visitar aquel enorme país. Mientras investigaba sobre las minorías en Rusia, entré en contacto con la misión rusa en las Naciones Unidas. Me concedieron una entrevista, y cual fue mi sorpresa, cuando un caballero vino desde Washington DC para reunirse conmigo.

Trajo varios libros para mí, y me dijo que en Rusia no había grupos minoritarios. Lo que más me impresionó fue su amplio conocimiento sobre la geografía, cultura e historia de Honduras; contrastaba con la mayoría de europeos y americanos que creían que Honduras era una isla o algún país africano. Me ofrecieron una beca, pero yo no quería perjudicar mi residencia americana.

Me fue difícil rechazar aquella beca, pero aun soñaba con algún día poder visitar Rusia.

En el otoño de 1969, empecé a leer, sin parar, sobre la India. Mi plan todavía era ir de vacaciones a Rusia. Mi amiga, Chantal, me dijo, "No paras de leer sobre la India, ¿Por qué no visitas la India en vez de Rusia?" Al fin me di cuenta. ¿Si tenía una fascinación por la India, porque no ir allá? Hasta ahora había considerado que la India era un país demasiado remoto, con una cultura ajena a la nuestra, con una miseria abrumadora, y un sin fin de enfermedades terribles, además de ser muy costoso viajar hasta allá. Me intimidaba. No me sentía preparada para afrontar aquel país, pero le escuché a Chantal y procedí a llamar a la aerolínea, Air India, para averiguar sobre sus tarifas. Me dijeron que en dos semanas tendrían una promoción de $400 Nueva York/Bombay, ida y regreso. No perdí tiempo en pensarlo, simplemente dije: "reserve mi boleto ahora mismo".

La India se convirtió en mi obsesión. Me despertaba todas las mañanas contando los días que restaban para ir a aquella tierra misteriosa. Como parte de mi preparación, hice una lista de lugares sagrados para visitar. Como estudiante del

Instituto Integral de Yoga, conocí a Swami Satchidananda, quien era muy amable y sabio. Él me aconsejo que fuera a Rishikesh, al *ashram* Sivananda en los Himalaya. También mencionó Benares y otros sitios sagrados.

ENCUENTRO

Desconcertada en la India

No podía creer que yo sola estaba rumbo a la India. Abordé el avión de Air India y estaba en un mundo diferente - la música, la gentileza de asistentes de vuelo con sus saris hermosos.

No cabe duda que estaba entrando en un mundo nuevo para mí. Fue muy emocionante. Yo estaba en búsqueda de nuevos horizontes, y muy dentro de mi corazón yo sabía que iba a encontrarme con los maestros espirituales más increíbles.

La hospitalidad en la India es más que generosa; en su cultura, los huéspedes son enviados por los dioses. En esa época, yo estaba trabajando como investigadora en la Facultad de Medicina de Nueva York. En la cafetería tuve la oportunidad de conocer médicos de la India; los acosaba, diciéndoles que yo iba a su país, que no llevaba ningún equipaje porque yo iba a comprar saris hermosos y vestirme como mujeres nativas. Les ofrecí que enviaran encomiendas a sus familias - además buscaba quedarme con sus familiares para empaparme de su cultura. ¿Podrían ayudarme? Fueron más que amables: aterrizando en Bombay, la familia Datwani me esperaba en el aeropuerto con una guirnalda de flores en mano. Me llevaron a casa haciéndome la pregunta clásica que iba a escuchar una y otra vez por doquiera que yo fuera: "¿Cuál es su misión en la India?" Mi respuesta era simple: "He venido para conocer maestros espirituales."

Mi peluquera en Nueva York, quien también era una aspirante espiritual, me había hablado de Indra Devi, quien ayudó a introducir el yoga en occidente - estrellas de cine acudían a su hermoso lugar en Baja California; a través de ella supe acerca de una lectura astrológica denominada libro de Brigú.

Le pedí a la familia Datwani me hicieran el favor de llamar al astrólogo experto en el libro de Brigú para hacerme una cita lo antes posible. Me respondieron: "¡Ah eso tarda meses!" Yo les contesté: "Vengo de Honduras en América Latina, es muy lejos y creo que nunca más tendré la oportunidad de volver a la India". Milagrosamente, conseguí la cita cuatro horas después de que había puesto un pie en Bombay. Exactamente al mediodía, el astrólogo me llevó a la azotea del edificio para medir mi sombra. Tomó mi fecha y lugar de nacimiento y nos encaminamos a su estudio, donde con regla, compás y brújula, dibujó algunos triángulos y realizó ecuaciones matemáticas. Luego sacó un enorme libro, muy antiguo, y me dijo "Estamos todos en este libro". Lo primero que me reveló fue: "Has perdido a tu padre cuando tenías un año de edad". ¡Que acierto! ¿Cómo podía él saber de un evento tan importante en mi vida? "Así es tu madre …" Mencionó a otras personas influyentes en mi vida, como mi tía, y dijo que mi amistad con Mauricio era kármica, compartiendo vidas en el pasado; y para mi sorpresa, dijo: "Usted vendrá a la India muchas, muchas veces en esta vida." Le contesté: "¡No lo creo, una vez es suficiente!" A continuación, explicó: "en su última vida vivió en la India con *swamis* y yoguis, y en esta vida encontrará a su maestro espiritual de la manera más fácil". Mencionó que había vivido en Inglaterra como escritora, en el sur de Francia como filósofa y curandera y en el Perú como una princesa Inca. Me quedé asombrada con esta lectura. Estaba ansiosa por escuchar sobre el maestro espiritual, pero no me dio más detalle. No sabía cómo digerir esta información, pero estaba enormemente impresionada. ¿Cómo podía saber que mi padre murió cuando yo tenía un año de edad?

Por supuesto, mi fantasía acerca del Oriente presentaba contrastes. Aunque Honduras es un país pobre, la pobreza de Bombay me pareció peor que la de Centroamérica - la inmensa pobreza, los mendigos, el tufo debido a las condiciones insalubres. Pero yo estaba resuelta a sumergirme en esta cultura.

Recluté a una de las jóvenes de la familia en donde me estaba quedando para que me acompañara a comprar *saris* (prenda femenina tradicional), *punjabis* (conjunto de estilo de pijama), *bindis* (condecoración de la frente) y joyería. Ella me mostró cómo enrollar ocho yardas de material alrededor de mi cuerpo, un *sari,* el atuendo más elegante que yo he tenido. Incluso conseguí un traje musulmán. Yo iba a adaptarme y parecerme a las mujeres de este país, pero también quería divertirme.

La arqueología y cultura Maya de Honduras creaba fantasías desde mi niñez. Por otro lado mi fascinación por el oriente se basaba en libros y en el cine. De jovencita leía una y otra vez *Las Mil y Una Noches*. También había visto una película - *Medianoche en Estambul* - y pensé: "algún día iré a ese lugar, el cual está cerca de la India, la tierra que estaba buscando Cristóbal Colon." Para satisfacer mi fantasía, pedí ir a una velada de música y danza. Acabamos yendo a la discoteca del Hotel Taj Mahal, donde había un conjunto tocando 'rock and roll'. Dije: "No, eso no es lo que busco. Quisiera una velada de encanto, con; la música original y la danza hermosa de la India". Terminamos en un lugar donde las mujeres entretienen modestamente a una audiencia masculina con bailes y cantos. Entre cada frase del canto, con las manos juntas en pose de oración, se acercaban a los hombres, quienes les colocan billetes en sus cabezas.

Mi sentido de aventura se apoderó de mí. Llevaba un vestido largo de gasa y decidí ayudar a estas artistas a ganar más rupias. Empecé a bailar, recopilando manojos de rupias, pasándoselas a ellas. Me elogiaron, diciéndome que me parecía a Mirabai, una Santa hindú. ¡Sólo en la India podrían compararme a una Santa! Entre el público se encontraba un director de cine, quien me ofreció actuar en una de sus películas. Rechacé la oferta puesto que mi viaje a la India era estrictamente una búsqueda espiritual. Quizás perdí una oportunidad - ignoraba que la India es el mayor productor de películas en el mundo.

Me impresionaba que aún los empresarios rezaran en su oficina antes de comenzar el día laboral. Oran con fervor; tienen su *puja* (pequeño altar) en su oficina. El olor a incienso, las flores y las velas, junto con las oraciones en sánscrito me hipnotizaban. Observaba otros rituales y comportamientos en el hogar que llamaban mi atención. Por ejemplo: la nuera hacía *padnamaskar* a su suegra, inclinándose cada mañana tocándole los pies y recibiendo su bendición. Otro ejemplo de gentileza: una madre joven que despierta a su hijo de ocho años dándole un masaje y susurrándole un melodioso canto espiritual. Pensé: "¡Qué hermoso!" En el oeste sería: "Ven, levántate, vístete, date prisa, apúrate, debes a ir a la escuela." ¡Qué diferencia!

Esta familia en particular era increíble, la madre era analfabeta pero ella controlaba un imperio. Sus siete hijos eran hombres de negocios en los Estados Unidos, Inglaterra, Alemania, Francia,

Italia y otros países en el Mediano Oriente. Esta señora pasaba sus días sentada en una *jhoola* (hamaca), conversando a larga distancia con sus hijos, pues todos ellos pedían su asesoramiento y bendiciones a diario. Carecía de educación formal, pero era una persona espiritual que sabía cómo asesorar a sus hijos en el mundo de los negocios.

Como turista en Bombay, admiraba los museos, los templos, las famosas cuevas de Ajanta, pero sobre todo quería conocer a esta hermosa gente amable y gentil. Me encantaba la comida y eso les halagaba. Entretanto me sentía tranquila y feliz al descubrir algo nuevo cada día.

Me invitaron a una boda en el hotel Taj Mahal. Nunca había visto tal extravagancia. La novia tenía joyería en todas partes: en su nariz, en su frente, en su pelo, en su cuello., llevaba pulseras en los brazos, en las muñecas, en los tobillos, anillos en los dedos de los pies y manos que estaban pintadas con *henna*. Esto era el mundo de fantasía que yo esperaba ver en la India. Me encantó. Los músicos tocaban sin parar. La abundancia de alimentos era impresionante, casi neronesca.

Dos días antes de partir a la India, un amigo pintor, quien vivía gozando de la frondosa naturaleza al norte de Nueva York, me llamó para decirme que había oído hablar de dos lugares muy interesantes en la India. Uno era Goa y el otro Puttaparthi. Tomé nota apuntándolo en mi agenda. Una vez en la India ubiqué Goa con facilidad, pero nadie había oído mencionar Puttaparthi; ni los empleados de la oficina de correos en Bombay sabían en ese momento donde se encontraba dicho lugar.

Mientras tanto, me invitaron a Poona para ir a un *ashram* donde Vaswani era el gurú. Allí mi apariencia llamaba la atención, me sentía como una curiosidad dentro de un museo, pues nunca habían visto a alguien de Latinoamérica. Me preguntaba si aquellos ojos negros fijados en mí podían leer mi alma. El maestro me ofreció su hospitalidad diciéndome que yo podía permanecer allí indefinidamente, hasta podía convertirme en terrateniente. Mi meta era visitar Pondicherry y el Himalaya, aunque Puttaparthi siempre estaba en mi mente, puesto que mi amigo lo había recomendado como un lugar muy especial a pesar de que él mismo ni sabía donde quedaba ni de que se trataba.

Sociedad utópica

Mientras estaba en Nueva York, tratando de obtener más y más información acerca de la India, me enteré que la Fundación Ford estaba involucrada con un proyecto muy interesante en Pondicherry, una ex-colonia francesa. Allí estaban construyendo una sociedad utópica, donde se unirían las energías del Oriente y Occidente. Decidí que ir allí sería una experiencia ideal. Auroville es una ciudad universal, dedicada a la unidad humana e inspirada en la visión de Sri Aurobindo. Una francesa a quien llamaban la madre quedo como líder espiritual del *ashram,* después del fallecimiento de Aurobindo en 1950. Como yo tengo un apellido francés, y había sido estudiante en Francia, me intrigaba e inspiraba la historia de la madre.

Decidí ir a Madras, después de contactar a la familia Futnani. Fueron sumamente amables y tenían la misma pregunta para mí "¿cuál es su misión en la India?" Les dije: "mi misión es conocer a la madre francesa en Pondicherry y luego ir al Himalaya". La Sra. Futnani inmediatamente llamó a su amigo, el Sr. Gupta, quien visitaba con frecuencia el *ashram* de Aurobindo. El señor Gupta quedó muy impresionado por mi gran interés en la espiritualidad y me elogió por mi conocimiento de lugares y personalidades espirituales. El reconoció mi ardiente deseo por aprender más acerca de la antigua sabiduría de este misterioso país. El señor Gupta redactó una carta de recomendación para que yo fuese recibida en el *ashram de* Aurobindo y obtener *darshan* (bendición) de la madre francesa.

Cuando el Sr. Gupta estaba a punto de partir, le dije: "Muchísimas gracias. Estaré de vuelta en 10 días y le daré un relato acerca de mi estadía en Pondicherry." El respondió: "No podré volver a verte porque yo estoy retirado y voy a ver a mi gurú durante un mes en Puttaparthi." Respingué y con incredulidad le pregunté: "¿Puttaparthi? Yo he estado intentando averiguar acerca de ese lugar. Una persona muy interesante en Nueva York me lo recomendó porque se supone que es un lugar fascinante." El señor Gupta reflexionó y rápidamente me extendió una invitación. Él me dijo: "Estoy viajando con mi familia. Vamos en dos coches con conductores que hablan varios idiomas, tenemos espacio para una persona más, y si se levanta a las 4 de la madrugada, usted puede venir con nosotros." Sin vacilar le dije: "soy libre como un pájaro e iré con usted", posponiendo así mi viaje a Pondicherry.

Al día siguiente, a mediados de noviembre de 1969, partimos de Madrás en la madrugada, manejando millas y millas, deteniéndonos varias veces al día por necesidades personales, alimentos, té. Parecía que íbamos al fin del mundo, las carreteras eran de tierra sin pavimento y con muchísimo polvo. Los campesinos cargaban canastas con alimentos y madera en sus cabezas. Las mujeres a menudo agregaban la pesada carga de un niño. No habían rótulos en la carretera y empecé a preocuparme. Me preguntaba: "¿Adonde me están llevando?" Finalmente, llegamos a Puttaparthi un poco después de las 9 de la noche; el *ashram* ya estaba cerrado y nos buscaron habitaciones en el pueblo más miserable que jamás hubiese visto en mi vida. Esto no me lo esperaba. Después de todo en Bombay y Madras había visto hoteles lujosos y mi seguridad, mi tarjeta de crédito American Express, era obviamente inútil en dicho lugar.

Un chichón en mi tercer ojo

Me consiguieron una habitación totalmente vacía. Me asombré. El cuarto no tenía ni mesa, ni silla, mucho menos un colchón o incluso una simple estera. ¡No había nada! Tuve que dormir sobre el concreto con mi impermeable de Burberry. A las 3:30 am me llamaron para asistir al ritual cotidiano del ashram, *Omkar*. Al despertar sentí algo raro en mi cara, tenía una protuberancia casi del tamaño de una pelota de tenis en la frente, justo en mi tercer ojo, Dios sabe qué tipo de insecto me mordió mientras dormía. Estaba temerosa; seguí al Sr. Gupta y su familia hacia el *ashram*, pero al entrar, me quedé cerca del Sr. Gupta, porque él era el único que hablaba inglés. Cuando fuimos a desayunar ordenó *dosa* para mí. Nunca me imaginé que *dosa* sería mi desayuno, almuerzo y cena durante toda mi estadía. *Dosa* era lo único que alcanzaba pedir, sonaba como mi nombre Rosa.

Primer vistazo del Avatar

Sai Baba apareció en el balcón del *mandir*. Más tarde caminó alrededor de las personas que estaban allí para recibir *darshan*. Noventa y nueve por ciento eran hindús, hablaban Telugú, Tamil, Hindi y algunos otros idiomas extraños a mi oído. Yo era la visitante más escéptica. Lo sorprendente es que cada vez que iba a comer en el pueblo, y quería pagar, me decían: "No se preocupe, ya está pagado."

A mí me intrigaba este personaje vestido con una túnica de seda naranja impecable, con un afro que parecía un músico de jazz. Durante mis primeros tres días, llovíznaba. Al tercer día mientras esperábamos que Baba nos diera *darshan*, una *seva dal* vino hacia mí y me agarró. Estaba horrorizada que yo estuviera sentada con los hombres. Yo llevaba 'blue-jeans' y un impermeable, tenía el pelo corto, y por ello nadie había notado que yo era una mujer sentada entre los hombres. La *seva dal* me sentó con las mujeres. En aquel entonces, yo no tenía noción del reglamento del lugar.

Por ese tiempo el Sr. Gupta encontró a Sita, una joven hindú quien vivía en el norte de África y hablaba francés. Ella se convirtió en mi guía, ayudándome para que me adaptase a las condiciones precarias de Puttaparthi. Pensé que era una verdadera fanática. Ella me decía que Sai Baba era Dios. Inmediatamente rechacé tal idea. Como católica, había visto iglesias bellas en los pueblos más pobres de América Latina, catedrales e iglesias en los Estados Unidos y en Europa. Incluso había estado en el Vaticano. La casa de Dios para los católicos es extraordinariamente hermosa, limpia, bien decorada, adornada con hermosos arreglos florales. Yo no podía concebir que Dios en la India eligiera vivir en un lugar tan miserable. Habían leprosos, impedidos con deformidades, destinados en esta vida a mendigar por un bocado de comida. Fuera del *ashram,* veía un lugar muy feo, totalmente insalubre. Es un infierno en la tierra, pensé.

Mi nueva guía, la encantadora y parlanchina joven hindú me decía que Sai Baba sabía lo que pensamos, que sabía de nuestro pasado y de nuestras vidas futuras y que hacía milagros increíbles. Él materializa cualquier cosa con un gesto de su mano. Con frecuencia materializa cenizas sagradas (*vibhuti*), que curan física, emocional, intelectual y espiritualmente. Mi duda era muy fuerte, pero esto me intrigaba y trataría de llegar hasta el fondo de este fenómeno. Me sorprendía que allí también tuvieran un Dios en forma de un elefante, *Ganesh*. Todo esto era sumamente difícil para mí, era como tragar una píldora muy amarga.

Había decidido conocer a este personaje Sai Baba a fondo y obtener una entrevista. ¿Por qué tanta reverencia ante él? Tan solo con verlo lloraban, y corrían a tocar sus pies. ¿Por qué yo no sentía nada? Mi mente hacía suposiciones tratando de descifrar lo qué Sai Baba era capaz de hacer. ¿Cómo me puedo acercar más a él? ¿Por qué es tan especial? La idea de que él podría predecir mi futuro era lo más importante para mí. Yo tenía un poco más de 20 años y anhelaba poder trazar una vida exitosa material, emocional, intelectual y espiritualmente. ¿Podría él decirme cómo lograr este objetivo y aconsejarme adónde vivir? ¿Cómo vivir? ¿Qué hacer? ¿Cómo lograr el conocimiento espiritual? ¿Debería vivir en los Estados Unidos, Francia, Honduras, o permanecer para siempre en la India y dedicar mi vida a Dios, convirtiéndome en una yogini? ¿Acaso el me aconsejaría a estudiar las escrituras Védicas, para que cuando volviera al oeste tuviese conocimientos esotéricos? ¿Me convertiría yo también en una maestra espiritual? ¡Tantas preguntas!

Mi objetivo era aprender más sobre los misterios de la vida. De alguna manera, estaba segura de que la India tenía respuestas para llevar una vida pacífica y prepararme para la otra vida. Yo ya había entendido y aceptado el concepto de *karma*. Encontraba el oeste caótico: la guerra de Vietnam era sangrienta, la revolución cubana estaba en pininos, había una guerrilla violentísima en Colombia y violencia en varios lugares del oeste. También estaba la lucha de los negros por los derechos humanos en los Estados Unidos. Me disgustaba el comportamiento agresivo de los occidentales, hasta su manera de caminar. En la India la gente camina suavemente, mientras que los occidentales golpean el pavimento y también devoran enormes porciones de comida. Había aprendido en la economía que los excedentes de alimentos en los Estados Unidos eran lanzados al mar, para estabilizar los precios - muy buena teoría económica, pero muy mala para la gente hambrienta en otras partes del mundo. Pensé que todo eso era atroz. Yo sabía que obtener más cosas materiales no me hacían feliz. Sí, era una joven Latina idealista vagando en tierras extrañas para encontrar una ruta diferente, un modo de vida diferente. Yo estaba buscando un verdadero sentido espiritual en esta vida humana.

Aquí estaba en esta remota aldea de la India, en presencia de un maestro espiritual quien yo no entendía para nada. Decidí que iba a imitar a los *yoguis* que llegaban al *mandir* y se sentaban en meditación durante todo el día. Me levanté a las 4 de la mañana, fui al templo y permanecí allí durante todo el día. No podía controlar el llanto de mis ojos. En ese momento me di cuenta que mi padre me había hecho falta toda mi vida. Eran baldes y baldes de lágrimas. Sentí el dolor de mi existencia, el dolor de aquellos miserables afuera del *ashram*, el dolor de tantos seres humanos en el mundo. Sentí tanta compasión por la humanidad. Mi cuerpo era joven pero todo me dolía, mis huesos, mis músculos, mi cabeza, mi columna vertebral, me sentía como alguien de cien años. De alguna manera, mi silencio me permitió absorber el amor paterno celestial que saturaba el *Mandir*.

Sentí que finalmente entendí lo que es la reencarnación y el *karma*. Entendí que todos eventualmente dejaremos el cuerpo y entraremos en el mundo de los espíritus, adonde la paz perdura. Pero, si aún tenemos trabajo por hacer para nuestro progreso espiritual, nos reencarnaremos naciendo en un cuerpo nuevo;

somos nosotros los que elegimos a nuestros padres, elegimos nuestro país, elegimos nuestra vida en la tierra. Si bien estamos aquí, tenemos la oportunidad de aprender buenas lecciones y ser un mejor ser humano en la tierra con el fin de volver al mundo de los espíritus y recuperar esa paz eterna. Al renacer regresamos con los conocimientos de vidas pasadas para aplicarlos en el plano terrenal. Tal vez por eso encontramos con algunas personas muy talentosas, y con otras que llegan por muy poco de tiempo, y se van pronto, en la niñez.

Al día siguiente después de mi catarsis, durante el *darshan* de la mañana, Baba caminaba hacia mí y le materializo *vibhuti* a una dama sentada a mi lado. ¡Caramba! Lo vi, pero inmediatamente lo descarté como un truco de magia. ¿Pero por qué no lo hizo para mí?

En el *darshan* de esa tarde, me concentré en transmitirle a Baba que por favor, me ofreciera *vibhuti* a mí. Salió, caminando por aquí, por allá, pero decidió volver al *mandir*. Con mis pensamientos le estaba casi gritando: "¿No te rogué hacerlo para mí?" Sorprendentemente, leyó mi pensamiento, dio la vuelta y caminó directamente hacia mí, materializando *vibhuti*. Ni siquiera sabía qué hacer con esas cenizas. Algunas señoras a mi alrededor comenzaron a tomarlo de mi mano. Me puse egoísta, cerrando mi mano y diciéndoles: "Esto es para mí, no agarren". Me encantó como podía escuchar mis pensamientos, incluso cumplir mis deseos. Le seguí escribiendo cartas, desaguando mis emociones, todos mis pensamientos enrevesados, toda mi ira y resentimiento con el mundo.

Nadie viene aquí al menos que yo los traiga

El choque cultural de Puttaparthi todavía me inquietaba. Una mañana vi a un hippie estadounidense con pelo largo, anteojos y de un aspecto intelectual. Le pregunté: "¿Qué estás haciendo en este lugar tan miserable?" Le di una letanía de quejas sobre las condiciones de vida y mi desagrado por Puttaparthi.

Él me miró con desdén y me dijo: "En vez de quejarte, ¿por qué no lees este libro?" Era el *Hombre de los milagros* por Howard Murphet. Ver un libro sobre Baba me impresionó muchísimo;

ojeando el libro al azar leí: "nadie viene a Puttaparthi al menos que yo los traiga". De repente algo se despertó en mí, el accidente de coche, el viaje precipitado a la India, las coincidencias que me trajeron hasta aquí. Este generoso joven estadounidense me ofreció su libro. Lo comencé a leer sin parar. De repente, Sai Baba se convirtió en un ser muy importante; reflexioné y me dije que sería mejor que dejara de llamarle 'este personaje,' 'este tipo'. Me di cuenta de que él es un ser iluminado, la razón por la cual personas vuelan a tocar sus pies.

Ese *darshan* al atardecer, Baba vino donde yo estaba, pero me ignoro completamente; se marchaba y no me pude contener, en voz alta le dije: "¿Baba, no ves que estoy aquí?" Se volvió hacia mí y en la voz más dulce me dijo: "Ten paciencia, ten paciencia, ten paciencia." Él nos da consejos con una ternura que nos derrite.

Una tarde Baba sale del *Mandir* y llama a la familia del Sr. Gupta a la veranda. Había un niño epiléptico. Baba agitó su mano y materializó una pequeña botella con un líquido blanco. En ese momento yo no tenía ni idea de lo que era el *amrith*. Le pasó la botella a la madre y, otra vez movilizando su mano, materializó las instrucciones y se las pegó a la botella. Este era el medicamento para aquel niño. ¡Incrédula, me quedé con la boca abierta!

Otra tarde en *darshan*, una dama muy elegante se sentó a mi lado. Reconocí que era francesa. Le pregunté: "Vous êtes française, n'est pas?" (¿Eres francesa, no es así?) Ella respondió: "¡Sí!" "¿Qué estás haciendo en este lugar?" le pregunté. Dijo enfáticamente: "Este es mi segundo viaje. Este es el lugar más extraordinario en la tierra - *prasanthi nilayam* (recinto de paz)." ¡Vaya, qué alivio! Me tranquilizó la opinión de una europea.

Pensé, ahora tengo que ser proactiva y encontrar la manera de establecer una relación con el Avatar. Haré todo lo posible por obtener una entrevista. Me di cuenta de que el Sr. Kasturi era el devoto más cercano a él. Después del *darshan* seguí a Kasturi a su casa. Se sentó y comenzó a escribir rapidísimo con dos dedos en una antigua máquina de escribir. Sabiendo que esta era una persona importante quien me podía llevar hacia Baba, me dirigí a él con toda amabilidad. "Sr. Kasturi, siempre lo veo con Baba, seguramente que usted puede conseguirme una entrevista con él. Vengo desde Honduras, un lugar tan remoto, y esta es la única oportunidad que tengo. Por favor dígale que sea justo. Él llama a las personas que viven cerca de aquí. He recorrido continentes para llegar aquí, y ha sido muy difícil para mí. Soy joven y quiero que me diga qué hacer con mi vida." Kasturi asintió con la cabeza pero me dio a entender que Baba no tiene intermediarios; él es el único que llama a quien quiere. Perdí la esperanza con el Sr. Kasturi.

Esa misma tarde en *darshan*, Baba se me acercó y me preguntó mi nombre. Dije: "Rosa", respondió: "¿Sabes lo que significa?" dije: "Una rosa, como la flor." Baba dijo: "No, significa ayuno". Respondí "Baba. Yo no entiendo." Él me explicó: "ayuno de la lengua, ayuno de la mente, ayuno de las manos, es decir, no hablar mal, no pensar mal, no hacer mal". "Me gusta" respondí. Me sentí tan especial. Él me había hablado de manera muy amorosa. Así, penetró en mi corazón.

En ese entonces yo estaba tomando píldoras para la toroide. Al día siguiente, al momento de tomar la píldora, decidí botarlas, y de allí en adelante solo tomar el *vibhuti*. Seguiría tratando de acercarme al Avatar. Pensé: "Necesito esa entrevista, me estoy impacientando." Se me ocurrió: "Baba debe comer. ¿Quién es el cocinero?" Anduve preguntando y me indicaron donde estaba la cocina. Toqué la puerta y una señora la abrió; le pasé una nota para Baba y le pedí que la colocara entre la taza y el plato. Le dije que era muy importante porque una vez que leyera ese mensaje, seguro que me daría la entrevista. Estaba obsesionada por conseguir esta entrevista.

Poco después, la señora me buscó para avisarme: "Baba dice que la verá esta tarde". Yo estaba lista para que me llamara. Él salió, pero me ignoró completamente. Me sentí tan decepcionada. Varias veces pasé por la cocina y ella informaba: "Baba dice que la verá mañana por la mañana." No podía dormir tratando de pensar en preguntas inteligentes que plantearía en la entrevista, pero mi mente estaba en blanco.

Al día siguiente se repetiría el mismo escenario. Me sentía como un yoyo, había perdido todo control. Observaba a los devotos tocar y besar el muro fuera de su habitación. ¿Por qué yo no sentía algo semejante? Solamente podía criticarle, criticar el comportamiento de estas personas ingenuas, criticar las condiciones de vida del lugar, pero lo que realmente quería era poder sentir una fracción del amor que estas personas sentían por él.

Me parecía que mi corazón estaba cerrado, aunque sí me conmovía en el *Mandir* con los *Bhajans,* canciones espirituales expresando mucha intensidad de devoción. Una cantante en particular, Vijaya, se acompañaba tocando la *Veena.* Al escuchar esta música se me derretía el corazón; recostándome entrababa en un relajamiento profundo.

Pues bien, insistí tanto en la entrevista que una noche la señora vino a buscarme para decirme: "Baba la quiere ver ahora." Me llevó a una habitación donde había un sillón. Pensé que era el área de recepción y me senté. Sentada, mientras esperaba a Baba, sentía un torbellino de emociones, hasta de temor. "¿Qué voy a pedirle?" Ya no tenía ninguna pregunta. Por último, me relajé; me sentía tan bien que no estaba segura por qué había insistido tanto por esta entrevista. Transcurrió un largo rato, tal vez una hora. Baba estaba cenando en el segundo piso. De momento, el Sr. Kasturi bajó y gentilmente me dijo: "Baba dice que está muy cansado para verla esta noche." Me sentí como una llanta desinflada. Quería regresar a territorio familiar, y deleitarme con un helado.

Muchas personas me decían que no podía irme sin que Baba me diera su permiso. Pensé: "¿cómo voy a pedirle permiso si él sigue ignorándome?" En esos días no había transporte, pero al día siguiente, llegaron peregrinos en un automóvil. Corrí a preguntarles si yo podía regresar con ellos a la civilización. Esa misma noche soñé que Baba me acompañaba en un coche y me ponía una guirnalda de flores en el cuello. Al despertar, interpreté el sueño como una señal de que podría irme. Desayunando con el Sr. Gupta, le conté el sueño y estuvo de acuerdo conmigo, Baba me daba permiso para abandonar el *ashram*.

En ese largo viaje regresando a Madrás, me sentía sumamente sola; estuve llorando casi todo el camino de vuelta. Estaba dejando atrás a este ser tan increíble, tan fascinante, y tan amoroso, ¿para qué? Sentía nostalgia por ver a mis seres queridos, vivir con más comodidad, darme una ducha con agua caliente, caminar con zapatos, comer comida occidental y mucho más.

Cuando regresé a casa de la Sra. Futnani, ella estaba ansiosa por saber sobre mi aventura con Baba. Me decía: "Eres una joven increíble y atrevida". Pasé un día en Madrás con la Sra. Futnani; Mi único deseo de compras fue obtener cajitas de acero inoxidable para poner *vibhuti* y compartirlo con familiares y amigos. Aún quería ir a recibir bendición de la madre francesa en Pondicherry. El *Ashram* de Aurobindo era nítido, bien organizado, la gente muy correcta, pero lo único que yo deseaba era volver a donde Baba. Pero, ya era tiempo de volver al occidente.

Decidí ir a Delhi para ver el Taj Mahal. Nuevamente como turista, me enfrentaba a la sobrepoblación chocante de la India y los contrastes entre ricos y pobres. Decidí ir a Agra en tren con un boleto de tercera clase para experimentar el roce con las masas. Entrando en el vagón me empujaron bruscamente, y vi que no había lugar donde poner mi cara. Los hindús tienen el arte de acomodarse en un espacio muy limitado. Salí corriendo y me metí en un vagón de primera clase. No es fácil experimentar esos mundos diferentes. Admiré la tolerancia de aquellas personas.

Mi última tarea fue traer instrumentos musicales de la India – *tambura, tabla, sitar,* incluso un *shruti*. La cultura de la India es más accesible para los occidentales a través de su música, que transmite un fuerte componente espiritual. No habría podido imaginar que el transportar estos instrumentos fuese ser tal reto. En el aeropuerto, la aerolínea cobraba no sólo por peso, sino también por volumen. También necesitaba el permiso de la aduana a través de un agente. Pasé todo el día en el aeropuerto de Delhi conociendo la complicada burocracia de la India. De todos modos, volé con la *tamboura* y el *sitar* (cada caja negra era el tamaño de un ataúd), el resto del equipaje vino por cargo.

Volviendo al oeste

Me fue difícil regresar al Occidente. Sentí un nudo en la garganta al dejar aquel tan increíble y hermoso país, con gente tan linda, y donde yo había conocido este ser extraordinario, Sathya Sai Baba. Mi único pesar era no haber obtenido la codiciada entrevista. Sentía mucha nostalgia, recordando cada ritual desde las cuatro de la mañana hasta el anochecer, y en particular, ese lindo ritual que hacía con su elefante, Geeta. El elefante le colocaba una guirnalda a Baba, y él lo alimentaba palmoteándolo. Al ver eso, lágrimas de alegría rodaban de mis ojos, pero ahora me sentía triste, a mí no me había dado una fracción de la atención que le daba a su elefante Geeta.

Primer milagro a distancia

A mi regreso a Nueva York había tormenta de nieve y nos desviaron a París por una noche. De mi parte, encantada, así podría juntarme con amigos y especialmente ver la madre de mi amiga Chantal. En esa época era difícil para los franceses sacar cantidades de dinero fuera de Francia, por lo tanto la madre de Chantal confió en mí dinero en efectivo, quería que lo llevara a su hija quien estudiaba en la Universidad de Nueva York. Lo guardé en el lugar más seguro con mi pasaporte y mi propio dinero.

Al llegar a Nueva York, Mauricio me esperaba en el aeropuerto. Tomamos el bus de vuelta a Manhattan. Yo era una lora contándole la historia de este increíble ser Sai Baba, el *vibhuti* y otras materializaciones. Escuchó y creyó cada palabra que le dije. El ya había pasado un año en la India estudiando flauta clásica y sabía de los misterios de esa tierra. Observó una transformación real en mí, de la que ni yo me percataba.

Cuando llegamos a casa me di cuenta que por estar tan empeñada en relatar mi aventura con el Avatar, había perdido todos mis documentos junto con el dinero de Chantal. Simplemente dije: "no tengo que preocuparme por ello, Sai Baba me lo traerá". Me acosté a dormir y, a la mañana siguiente, recibí una llamada de la terminal de autobuses pidiéndome que fuese inmediatamente con el fin de recuperar los documentos perdidos. ¡Que alivio! ¡los documentos y el dinero estaban intactos!

Lo primero que hice fue instalar mi *puja* con una imagen de Sai Baba cuando era muy joven, con cabello lacio y un halo y una expresión de pura transparencia.

Primer Satsang Sai en Nueva York

Me sentía a gusto en el occidente, disfrutando de todas las comodidades materiales a las cuales estamos acostumbrados. Sin embargo, me hacía una enorme falta el extraordinario Sathya Sai, los devotos, y todo aquel ambiente espiritual que le rodea. Me percaté que necesitaba estar en contacto con personas con inclinación espiritual. En el *ashram* me dijeron que había una dama en Nueva York, que en su juventud había sido bailarina y había pasado casi 20 años en la India, Hilda Charlton. Llamé y nos recibió con mucho regocijo.

Estaba contentísima de tener noticias recientes de la India. Pasamos cuatro horas juntas. Compartió tantas historias de maestros espirituales que había conocido en el Himalaya y otros lugares sagrados. Era discípula de Swami Nityananda y, antes de regresar al oeste, había conocido brevemente a Sai Baba. Sugirió que nos reuniéramos todos los jueves a meditar.

Empezamos el *satsang* con menos de media docena de personas. El grupo creció y se mudó a otro apartamento. Una vez más, el grupo se agrandó y nos trasladamos a la Iglesia de St. Lukes. Pocos años más tarde se traslado a la iglesia Saint John the Divine, la catedral más grande de la ciudad de Nueva York. En estas sesiones Hilda incluía a Jesús, Alá, Sai Baba y otros seres iluminados. Ella hacía hincapié en la importancia del pensamiento positivo. Ella solía decir: "Cada vez que un pensamiento negativo viene a su mente, repitan: cancelar, cancelar, cancelar." Otra afirmación que nos dio y que los niños aprecian mucho: "Soy hijo perfecto de Dios, soy feliz, estoy sano y doy alegría a los demás."

Buscad y hallaréis

Desde mi primer viaje, me encantaba el sonido celestial de los *Bhajans*, pero no eran accesibles de aprendizaje; no habían libros y mucho menos traducciones. Intentábamos descifrar los sonidos sílaba por sílaba, escribiéndolos como los escuchábamos. Teníamos el deseo de cantar *Bhajans*, pero en ese momento parecía una tarea imposible para nosotros en el occidente. Había oído decir que existía un disco de Sai Baba cantando *Bhajans*, y que lo podía encontrar en Nueva York. Nos dedicamos a buscar esa grabación en cada una de la tiendas de música, pero nos era imposible encontrarlo. Un día paseando por Times Square, vimos una tienda de discos destartalada en la entrada del tren subterráneo. En todo Manhattan, este lugar sería el menos probable para encontrar *Bhajans de Baba*. Entramos a la tienda dirigiéndonos a un montón de discos; ¡que sorpresa, he aquí el deseado disco, con una foto de Baba en la portada! *Leelas* de Swami -Dios está en todas partes.

Nueva York tiene su propio gurú

En diciembre de 1972 vimos en las noticias vespertinas de televisión un segmento: "Nueva

York tiene su propio gurú." Inmediatamente tomamos el coche y fuimos al parque central y la calle 86. Allí estaba sentado en un banco público, rodeado de pocas personas, Gil, ex miembro de la fuerza naval de Estados Unidos, que había pasado un largo rato en la India, incluyendo Puttaparthi. Tenía el pelo largo enmarañado al estilo de un *sadhú*; había hecho un voto de silencio, y desde varios meses se había instalado en un banco del parque público.

Un actor británico interpretaba sus gestos. Alrededor había una reunión constante de aspirantes espirituales. En cuanto me vió, me ofreció una imagen de Sai Baba, diciéndome: "Bienvenida a casa." Me sorprendió que el conociera a Sai Baba, y que intuitivamente reconociera que yo también lo conocía. El grupo entero me pidió que les contara más acerca de este enigmático maestro espiritual, Sai Baba. Todas las noches nos reuníamos, envueltos en cobijas, después de todo, era invierno. Los que asistían traían alimentos, flores y libros. Gil nunca se quedaba con nada, simplemente lo ofrecía a los demás. Algunas personas adineradas que admiraban el grupo incluso regalaron boletos para ir a la India. Así es cómo algunos de los primeros devotos occidentales llegaron a Sai Baba.

Famosos, como Alan Ginsberg, Peter Max y otros, visitaban de vez en cuando.

El principal consejo de Gil era "despréndete de todo". Algunos entendieron 'desprenderse' de todas las posesiones materiales y ciertos anunciarían: "mañana nos desprenderemos de todo y estamos regalando todo lo que tenemos, vengan a nuestro apartamento y tomen lo que quieran. Nos vamos a la India." Gil les dió nombres diferentes como: 'Ahora,' 'Arco Iris', 'Rayo de Sol,' 'Precioso.' Algunos de estos jóvenes pasaron meses, incluso años en el *ashram*, financiados por los devotos que trabajaban en New York y apoyaban su aspiración espiritual - cien dólares al mes era más que suficiente para subsistir en Puttaparthi. Recuerdo a Helen; era una maestra escolar en Nueva York y continuaba sus estudios para obtener un doctorado en educación. Alguien le dio mi nombre y ella vino a visitarme porque quería saber más acerca de Sai Baba. En pocos días supe que Helen había abandonado sus estudios y estaba en camino a la India. Durante años como maestra suplente regresaba para ahorrar suficiente dinero y volver a Puttaparthi por otro seis meses.

De pronto, el grupo creció tanto que la policía de Nueva York, muy amablemente pero con firmeza, dio un aviso de 24 horas para dispersar. Algunos miembros del grupo trajeron un autobús escolar, poniéndolo a la disposición del grupo. Al día siguiente, 24 horas más tarde, Gil se levantó, girando al estilo derviche, y dentro de media hora cada uno presente tenía que decidir si subirse al bus o no, sin que ninguno supiera hasta qué punto el bus les llevaría.

Mauricio se fue en el autobús hasta México, y de allí continuó aventurándose, acabando en Colombia con los indígenas, los Kogi y Aruacos.

Diagnóstico devastador

El verano de 1973, mientras Mauricio estaba en Colombia, a Ofelia, su madre, le diagnosticaron un cáncer de mama y de huesos. Los médicos me dijeron que tenía tres meses de vida. Yo me preparé para enfrentar la situación tomando seminarios con la Dra. Elizabeth Kubler-Ross, quien recientemente había publicado un libro sobre como prepararse para la muerte. Ese libro la convirtió en una destacada autora, dando pauta a un tema tan delicado. En esos tiempos la gente ocultaba la verdad sobre un diagnóstico desahuciando un pariente. La teoría de la Dra. Kubler-Ross enfatizaba el hecho de que los pacientes intuyen cuándo van a morir y prefieren saber la verdad. Así los parientes no necesitan convertirse en actores, fingiendo que todo está bien cuando no es así. Los pacientes deberían poder expresar su estado de ánimo porque saben que tarde o temprano tendrán que despedirse de sus seres queridos. Además, deberían ser capaces de atender asuntos prácticos, como un testamento, para dejar todo arreglado antes de su desaparición. La Dra. Kubler-Ross muestra claramente las cinco etapas que los moribundos y sus familias tienen que enfrentar durante tan difícil situación. Estas son: la negación, la ira, la negociación, la depresión y finalmente la renuncia y la aceptación de lo inevitable.

En ese entonces yo trabajaba en diferentes hospitales afiliados a la universidad de Nueva York y tenía la oportunidad de prestar servicio a pacientes moribundos. El propósito era de explicarles claramente su precaria situación de salud para que tuvieran la fortaleza emocional de aceptar el devastador diagnóstico, posibles tratamientos, y poder prepararse para la fase final de su vida. Me concentraba con pacientes que solo hablaban español o francés. Lo hacía tan bien que los médicos me pedían que también aconsejara a los que hablaban inglés. Un caso muy conmovedor fue de una joven colombiana que llegó de vacaciones y acabó con un diagnostico mortal. No era fácil poder ayudar a una joven que ya no tenía ninguna esperanza de vivir.

Claramente, las familias atraviesan por las etapas que la Dra. Kubler-Ross destaca en su libro. Durante la primera etapa: nos choca tener una mala noticia y nos negamos a aceptar el devastador diagnostico; pensamos que es un error médico. En la segunda etapa: nos apodera la ira. ¿Por qué le está sucediendo esto a un ser querido? ¿Dónde está Dios?

Al encontrarnos con una persona muy enferma en la familia, entramos en la tercera fase - la negociación. Si esta persona puede durar hasta un nuevo cumpleaños, hasta Navidad, unos pocos meses más y así sucesivamente. Cuando nos cansamos enfrentando esta dura situación, probablemente es allí donde podemos deprimirnos. Cuando cuidamos a un enfermo, no tenemos tiempo para nosotros mismos. No hay tiempo para el entretenimiento, ir a un cine, ir a una fiesta. Lo único que podemos hacer es dar, dar, y dar infinitamente y con mucho amor. Solo pensamos en brindar comodidad, proveer una alimentación adecuada, administrar medicamentos al pie de la letra y alegrar al enfermo creando un ambiente casi festivo.

Por lo general, los cuartos de hospital tienen colores sórdidos, en las paredes cuelgan cuadros tristes. Lo primero que hice fue cambiar los cubrecamas por unos coloridos de Bolivia y traer nuestras propias pinturas. Ponía música espiritual. Otros pacientes venían a disfrutar de la atmósfera creada. Le escribí a Mauricio, y milagrosamente, la carta fue entregada allá, en lo más alto de la Sierra Nevada de Santa Marta. Mauricio regresó, y junto con otros devotos de Sai, hicimos nuestro mejor esfuerzo para mantener un alto estado de ánimo.

En casa, nuestra familia Sai tocaba música, ayudaban a cocinar, leían libros espirituales con las enseñanzas de Sai Baba y la biblia. Manteníamos el lugar inmaculado, con arreglos florales. Puesto que casi era noviembre, yo decidí regresar a la India a ver al Avatar. Mi esperanza era que con su mano materializaría un medicamento, también materializaría las instrucciones y entonces yo podría regresar con la medicina milagrosa. ¿Acaso no había visto a Baba hacer eso para un niño epiléptico?

Me sorprendí cuando Ofelia dijo: "¿Por qué no voy contigo?" aunque ella nunca había aceptado ninguna de mis historias acerca de Sai Baba. Ella pensaba que yo había perdido los estribos. Ahora que ella estaba en una situación desesperada tuvo el coraje de arriesgarse. Yo le respondí: "¿Bueno, si vas a morir de todos modos, qué importa que sea en Nueva York, en la India o en Honduras?" Le advertí de la falta de comodidad en Puttaparthi, pero no le importaba. Ahora le intrigaban los maravillosos cuentos sobre Sai Baba. Ella tenía el mejor cuidado médico que Nueva York pudiera ofrecer, pero sufría de dolor. Ella estaba buscando ayuda a otro nivel.

REUNIÓN

El médico de los médicos

En diciembre de 1973, Mauricio, su madre y yo cruzamos el Atlántico rumbo a la India. Oré profundamente para que Baba no nos decepcionara. La entrevista que tanto había añorado, volvía a ser mi prioridad. ¿Cómo obtenerla en este peregrinaje? Llegamos a Bombay y descansamos unos días en el Hotel Taj Mahal. A continuación, volamos a Bangalore, y unos días más tarde, nos aventuramos al trayecto de tres horas hacia Puttaparthi.

Por suerte, acababan de construir el primer edificio para huéspedes, y nos ofrecieron alojamiento. A la mañana siguiente fuimos a *darshan*. Le escribí una carta a Baba diciéndole que me sentía tan feliz de estar de vuelta en *Prasanthi*, y que no quería nada para mí. Sólo le pedía que estableciera una relación con los seres queridos que le había traído. ¡Por favor, ayúdales No me decepciones!. Tomó mi carta y *darshan* terminó.

¡Llegó el momento! Esa misma tarde Baba nos llamó para entrevista, y los tres entramos en esa sala tan especial. El corazón me latía, las piernas me temblaban.

Baba es un anfitrión perfecto. Primero se dirigió a Ofelia y él le comentó con mucha dulzura, "¿demasiado dolor, verdad?" Entonces le materializó *vibhuti*, diciéndole que tomara una pizca cada mañana en un vaso de agua durante 15 días consecutivos, y que permaneciera en *Prasanthi*. "Después de dos semanas, no tendrás más dolor" le dijo. Luego, le materializó una medalla con la imagen de Sathya Sai Baba en un lado y la de Shirdi Sai Baba en el otro lado. "¡Dios mío!" pensé, "sobrepasó mis expectativas, ha más que cumplido con nosotros," y seguí diciéndole con mis pensamientos cuánto amor y agradecimiento yo sentía por él. Era como si estuviésemos en un mundo de fantasía. Fue un escenario digno del *Hombre de los Milagros*. Éramos tan afortunados de estar frente a él.

Yo estaba tan entusiasmada al salir de la entrevista que hasta me pude burlar de la medalla comentando, "Parece de una tienda de baratijas. ¿Por qué no hizo algo como joyería de Cartier?" De inmediato me sentí culpable. "¿Que me hace decir semejante tontería?"

El día de Navidad, Baba invitó a las mujeres occidentales para una entrevista. Recordando mis comentarios negativos sobre la medalla, dejé que todas pasaran y yo me quedé atrás. Sentándose, Baba me miró y me preguntó: "¿cómo te gustó la medalla?" Le respondí: "¡Baba, es preciosa!" Me hizo un gesto con el brazo como si me dijera: "¡qué hipócrita." Intuitivamente levanté la mano y algo quedó pegado en la palma de mi mano. Todas las presentes dieron un suspiro. Abrí la mano y les mostré la materialización – era idéntica a la que yo había criticado. Hasta hoy esta reliquia sigue siendo una de mis posesiones más preciosas. ¡Qué regalo de Navidad! ¡Tener tanto reconocimiento de Baba!

En 1973, varios jóvenes occidentales con espíritu de aventura se alojaban en *Prasanthi*. Sai Baba les proporcionó un refugio sencillo y les daba atención. Yo no socializaba mucho porque un *ashram* es un lugar de introspección, y debía atender a mis acompañantes, pero siempre estaba alerta para saber lo que estaba por suceder en el *ashram*. Supe que Baba planeaba viaje a Rajahmundry para una conferencia nacional de la organización Seva Sathya Sai. Estaba en una encrucijada entre quedarme con Ofelia y Mauricio o asistir a la conferencia. En el último momento agarré lo necesario para viajar y me apresuré para conseguir transporte hacia Rajahmundry. Me encontraría de nuevo con Mauricio y Ofelia a mi regreso.

Terminé por ir en tren, pero en la víspera del año nuevo, los trenes, autobuses y taxis se levantaron en huelga. Yo estaba viajando con cuatro jóvenes norteamericanas que, a pesar de tener hepatitis, estaban ansiosas de asistir a la Conferencia. No teníamos ninguna opción que dormir en el concreto de la estación de tren. Gente muy humilde quería compartir un poco de comida conmigo, pero no podía aceptar por temor de contraer hepatitis. Toda la noche soñé que estaba en Nueva York deleitándome con pavo, uvas, pastel y otras delicias. A continuación, mi sueño se trasladó a Tegucigalpa donde se come todavía nacatamales, la comida tradicional de los Maya.

Al día siguiente, logramos conseguir un taxi para llegar a Rajahmundry. Nos dieron un cuarto grande para nosotras cinco. Estas jóvenes tan enfermas querían tener las ventanas cerradas. Sólo bebían Coca Cola. Intenté abrir las ventanas para un poco de aire fresco y ofrecí hacerles té pero estaban renuentes.

No teníamos credenciales para asistir a la conferencia. Me adelanté al frente donde Sai Baba y algunos eruditos iban a dar sus discursos. La *Seva Dal* trató de detenerme; se me ocurrió mostrarle mi medalla, y le dije: "Este es mi pase, Baba me lo dio". Ella me sentó justo en frente de Baba. Me impactó por ser un gran orador, lleno de energía, con ademanes inigualables. Los demás oradores parecían personas instruidas, pero tuve dificultad entender su pronunciación. Sólo quería ver a Baba. Sentía que él sabía que yo estaba sentada allí admirándole. Nunca en mi vida había visto a alguien tan carismático.

El viaje de vuelta a Bangalore me fue difícil; yo estaba tratando de ayudar a las jóvenes con hepatitis, pero no me hacían caso. Temía que podrían hasta morir. Coca Cola era su único sustento.

Me encontré con Ofelia y Mauricio en el hotel en Bangalore. Ofelia estaba extática porque no tenía más dolor, tal como Baba le había dicho. Esa misma tarde fuimos a *darshan* en Whitefield.

En esa época los devotos éramos tan pocos, apenas una línea de personas. Me senté en el frente para que Baba me pudiera ver al solo salir de su casa. Baba me llamó tal como yo ansiaba, y los tres entramos a la entrevista. Habló con nosotros un largo rato. Emanaba felicidad, y nos hacía reír con su don humorístico. Me tocaba la mejilla diciendo: "Eres una persona tan buena." Mi autoestima subió mil por ciento. Me considero una buena persona, pero obtener este reconocimiento del Avatar significó mucho para mí. Le pregunté si podía ofrecer la medalla materializada por él a mi madre y dijo: "sí, sí". Agitó su mano produciendo un par de aretes bellísimos y me los obsequió. Tenían la forma oval de *Shivalingam*, y nos habló sobre *Shiva*, el Dios de la conciencia cósmica. Todavía medito todos los días teniendo estos aretes en mi mano.

Saliendo de la entrevista, me sentía en las nubes. Mis compañeras de viaje a Rajahmundry corrieron hacia mí; tenían curiosidad acerca de la entrevista. Compartí mi alegría con ellas pero todo lo que conseguí fue: "¿Cómo puede él ser tan bueno contigo cuando te portaste tal mal con nosotras." Les disparé: "porque él me conoce y conoce la pureza de mi corazón. Todo lo que hice fue preocuparme por vuestro bienestar."

Baba fue tan amable con nosotros que nos concedió seis u ocho entrevistas privadas. Un día incluyó a Nagamani. Esta señora estaba en una silla de ruedas pero cada vez que veía a Baba, regocijaba de alegría y él siempre le daba un poco de atención en *darshan*. Este día, en la entrevista, él se sentó y subió sus pies para que Nagamani pudiera tomar *padnamaskar*. Le pregunté discretamente si él podría hacerla caminar otra vez; él se rió y dijo: "Nagamani solía jugar al ajedrez con Hitler". Todos nos reímos. Entendí que era su karma permanecer en una silla de ruedas.

Nos hicimos amigos con Nagamani. Ella nos invitó a su casa. Su cuarto de meditación estaba lleno de fotos de Baba. Su matrimonio fue arreglado por sus padres cuando apenas era una adolescente. Años más tarde se reunió con su marido en Alemania. Él fue embajador de la India en Alemania y, efectivamente Nagamani había jugado ajedrez con Hitler. A pesar de su condición física actual, ella siempre estaba contenta.

En las entrevistas Baba suele dar enseñanzas muy sencillas, difíciles de olvidar. Nos dijo: "Sé feliz, sé feliz, todo el tiempo. Vive en el presente". Pensé: "¿cómo es eso posible?" Usualmente pienso en el pasado, luego con una gran incertidumbre sobre el futuro. Esas enseñanzas tan simples quedan impregnadas en nuestro ser. El pasado se ha marchado y el futuro es incierto. Así que, ¿Por qué preocuparse?

En otra entrevista, dijo: "Yo soy tu madre. Yo soy tu padre". Fue un gran alivio para mi saber que tenía un padre en Sai. La forma en que lo dijo llegó a lo más profundo de mi ser y lágrimas rodaron de mis ojos. Sentí un inmenso amor; nunca había experimentado amor Divino. Fue exquisito.

En una de las entrevistas, Mauricio le planteó muchas preguntas a Baba, acerca de Adán y Eva, sobre el cristianismo, la iluminación y así sucesivamente. Con una paciencia de santo respondía al sin fin de preguntas que teníamos. Mauricio llevaba su flauta en una mochila con él, y en un momento dado Baba señaló la flauta y nos dijo: "Miren, el cuerpo tal como una flauta, tiene nueve hoyos, y debemos utilizarlo como una ofrenda a Dios." Baba, a continuación, comenzó a mover su mano y materializó un anillo para Mauricio; "Esto representa *jnana*," explicó. Se trata de un anillo fuera de lo común, con una piedra de color índigo, considerado el color de la *chakra* del tercer ojo. También le firmó un libro de *jnana vahini,* y el de *prema vahini* a mí. Mauricio podía captar el sentido de humor de Baba, quien a menudo hace un juego de palabras. Nos reíamos mucho, estábamos tan felices.

Otro día en la entrevista Baba estaba tan jovial y maravillosamente humorístico. Todos bromeamos y nos reíamos mucho. Hacia el final de esta interacción, Baba giró su mano materializó una tarjeta con elegante diseño gráfico donde él aparece recostado y se la ofrece a Mauricio diciéndole "Escríbeme cada luna llena." Desde entonces, Mauricio con toda lealtad y

71

mucho amor le escribe a Swami en luna llena desde 1974.

A los pocos días nos volvió a llamar para otra entrevista. Cada vez que le veía sentía mariposas en el estómago, mi corazón latía fuertemente, mi pulso aceleraba, y cuando finalmente estaba en el cuarto privado del Avatar, de alguna manera me las arreglé para sentarme muy cerca de él y puedo hablar con él con la misma soltura que cuando hablo con cualquiera de mis amigos. He visto a personas que no pueden ni pronunciar una palabra en su presencia.

Baba me preguntó: "¿qué deseas?" Dije: "Baba, estoy en su presencia y todo me parece perfecto. No tengo ningún deseo de ninguna otra cosa." Como Baba es un ser perfecto, en su presencia nos sentimos los seres humanos más maravillosos, amorosos y compasivos. ¡Sí! También somos perfectos. Él me dio palmaditas en el hombro y dijo: "Eres una buena persona, una buena persona." Yo estaba profundamente conmovida por este halagador comentario. ¡Sí! Toda mi vida he luchado para ser una buena persona, hacer cosas buenas. Quería que mi madre y mis maestros estuviesen contentos conmigo.

El día antes de nuestra partida, Sai Baba se me acercó y me preguntó que cuando regresaríamos a casa. Le conteste: "Mañana Swami." Nos dijo que entráramos para otra entrevista. Llevaba en mis manos una fotografía de él y le pedí que por favor la firmara. Escribió: "Con amor y bendiciones, 7/1/74" [es decir, 7 de enero de 1974] y lo firmó. Sólo tenía 48 años de edad, era muy dinámico, estaba siempre feliz, era muy amigable y tenia un gran sentido del humor.

Volver a la realidad de Nueva York

Tuvimos un viaje maravilloso y extraordinario. Sai Baba fue un increíble anfitrión; nos dio valiosos consejos y apoyo moral. Ofelia no tenía más dolor, tal como Baba lo había dicho. Ella creía que ella estaba curada. Sobre todo, su confianza en Sai Baba abrió una nueva dimensión espiritual para ella. Nunca había sido una persona religiosa. Ella era humanista, había dedicado su vida al bienestar social y a los derechos humanos. Le parecía que la religión era el 'opio de las masas' y un obstáculo para el progreso social. Trabajó con la ONU en Alemania ayudando a los millones de personas desplazadas después de la Segunda Guerra Mundial, con el problema de la brecha racial en los Estados Unidos y las condiciones de vida de los trabajadores migrantes, y con programas de planificación de familia en América Latina. Se tropezó a menudo con actitudes conservadoras de la Iglesia Católica. El conocer a Sathya Sai le permitió trascender y superar consideraciones políticas y totalmente abrirse a la espiritualidad.

Curso de verano en Brindavan 1974

Los tres estábamos en el ámbito de Sai, pero cada uno tenía su propia relación con el Avatar. Un día, el anillo que Baba había materializado para Mauricio se perdió. Lo buscamos meticulosamente todo un mes. Parecía que la única solución era que él volviese a Baba y aclarara el significado de esta desaparición. De alguna manera, nos conectamos con el Dr. Sharma, quien tenía una agencia de viajes y algunos trabajos para las Naciones Unidas. El necesitaba ayuda y le pidió ayuda a Mauricio a cambio de un viaje a la India. Todos nuestros amigos Sai ayudaron con la correspondencia.

Llegó el día de partir, ¡adivinen lo que sucedió! Mientras empacaba, Mauricio encontró el anillo en uno de sus zapatos. Estaba claro que de, esta manera, Baba le hacía un llamado, y Mauricio se fue de nuevo a ver a Sathya Sai. Fue afortunado en ingresar en el curso de verano para estudiantes. Él fue uno de sólo cuatro occidentales en ese curso en el cual se empaparía sobre la espiritualidad de la India, que Baba presidía personalmente. Mauricio partió como un "hippy" de pelo largo y regresó como discípulo de Sathya Sai con la cabeza rapada. Claramente eso fue una de las *leelas de Baba*.

La academia de yoga de Indra Devi

Ahora yo estaba seriamente comprometida con el yoga. Indra Devi fue mi inspiración. Yo la admiraba por haber tenido una vida increíble. Ella era una princesa rusa, una estrella de cine de Bollywood, allá en la India. Luego se convirtió en profesora de yoga atrayendo a gente famosa, entre ellos a estrellas de Hollywood. No cabe duda que ella fue la clave para introducir el yoga al occidente. Lo que más me interesaba de ella es que era una devota muy dedicada a Sai Baba y tenía acceso a él. Ella organizaba viajes para las personas que querían conocer y recibir bendición del Avatar.

El verano de 1974 me matriculé en su Academia de Yoga en Tecate, Baja California con un grupo de mujeres que estaban interesadas en el certificado como maestras de yoga. Parte de nuestro curso de yoga era tener una dieta de limpieza durante dos semanas. A pesar que yo era la más delgada y la más joven, fui la primera en ser voluntaria. Esta dieta eliminaría todas las toxinas del cuerpo. Consistía en beber ocho vasos de agua con limón y semillas de chía. Yo no quería perder peso y le agregaba melaza. Me sentaba en el comedor con mi pichel de agua y veía a las demás comer deliciosa comida vegetariana. Por suerte, mi cuerpo se adaptó sin ninguna reacción negativa, solamente sentí un poco de cansancio; esto me permitía descansar, utilizando las hamacas en los bellos jardines que nos rodeaban.

Como yo era devota de Sai Baba, Indra Devi me tomó bajo su protección. Junto con su hija adoptiva mexicana, Rosita, las tres meditábamos y cantábamos los únicos dos *bhajans* que sabíamos en el cuarto de meditación de Indra Devi. A veces ella me llevaba a su dormitorio para platicar, y confiaba en mí los desafíos que ella enfrentaba en el mantenimiento de una Academia de yoga de ese calibre.

Dr. Knauer, el marido de Indra Devi era teósofo. Sus conferencias eran sumamente interesantes. Por ejemplo: una tarde nos explicó que, como aspirantes de yoga, a través de la meditación, nosotros nos preparamos para la comunicación telepática con seres del espacio - de las galaxias y la vía láctea. El seguía las enseñanzas de Rudolph Steiner.

Yo aspiraba ser maestra de yoga de por vida, al igual que Indra Devi. Algunas de las compañeras abrieron sus propias escuelas de yoga. Sharon Sandweiss también tomó el curso y más tarde nos invitó a cenar a su casa en San Diego. Como de costumbre, Indra Devi y yo siempre hablábamos de Sai Baba. El marido de Sharon, el Dr. Sam Samweiss, es el autor de *El hombre santo y el psiquiatra*, el libro más exitoso para introducir Sai Baba a los occidentales.

Swami Bua

En Nueva York, me enteré de que había un *Yogi* viviendo cerca de Lincoln Center. Inmediatamente fui a visitarlo. Vi una serie de fotos mostrando las posturas de yoga más impresionantes. En una de ellas él estaba dando una demostración cuando Sai Baba era un adolescente. Baba tenía una sonrisa de admiración. Por supuesto, me convertí en una estudiante de Swami Bua. Hicimos una estrecha amistad, a tal punto que confió dejarme a cargo de la escuela de yoga Indo-American Society mientras el pasaba varios meses en la India.

Me desenvolví muy bien. La mayor parte de mi experiencia fue muy positiva excepto por un día cuando un joven aparece a las diez de la mañana y me dice que está bajo la influencia de un alucinógeno muy fuerte y quería probar saltar de una ventana de un alto rascacielos. Yo lo calmé y empecé a leerle *El libro tibetano de los muertos*. Estaba implorándole a Sai Baba que me diera la sabiduría para ayudar a que este joven volviera a la normalidad. Después de 12 horas, lo conseguimos. Volvió en sí, y me dio las gracias.

La Muerte nos coqueteaba desde una esquina de la habitación

Los médicos occidentales le habían dado a Ofelia tres meses de supervivencia; con la gracia de Sai, esto se amplió a un par de años. No obstante, tuvimos que lidiar con la muerte que nos coqueteaba desde la esquina de la habitación todos los días. Luchamos con ella en la forma más cariñosa y natural. Con el apoyo moral de nuestros compañeros devotos de Sai, fuímos los mejores asistentes. Mantuvimos un estado de ánimo optimista. Para mantener a su madre entretenida,

Mauricio instaló un sistema donde ella podía escuchar en vivo a todos los oradores directamente de la Asamblea General de las Naciones Unidas. De esta manera, se mantenía al corriente de los asuntos socio-económicos y políticos del mundo. Durante esos años de remisión, ella pudo viajar a Europa, África y América Latina. El evento culminante de su carrera fue ser delegada de Honduras a la primera Conferencia Internacional de la Mujer celebrada en Tlatelolco, México en 1975.

Tarde o temprano teníamos que enfrentar lo inevitable. En medio de bromas, hablando de política, recordando las enseñanzas que Sai Baba nos había inculcado en esas entrevistas increíbles, Mauricio y yo pudimos comunicarle que ella no necesitaba mantenerse apegada a este mundo, que era libre para marcharse cuando ella sintiera que estaba lista, y así lo hizo. Falleció en diciembre de 1975. Yo seguía implorándole a Sai Baba que nos diera la fortaleza para afrontar esta situación. Tuve el valor de sentarme en su cama y tomarle su mano hasta el último suspiro. Yo estaba sola con ella porque Mauricio estaba haciendo trámites prácticos. Su mirada final fue mirando una foto de Sai Baba.

Por supuesto estaba impactada, pero me acordé de que en la cultura latina, la muerte es no sólo una tragedia, sino una transición espiritual. El día de todos los Santos es festivo en México. Yo había observado un velorio y entierro con los indios Mazatecos en las montañas de Oaxaca. Cantaban y tocaban música todo el camino al cementerio, los hombres de blanco y las mujeres con sus trajes coloridos. Uno debe aceptar y encontrar consuelo en el hecho de que nuestro tiempo en la tierra es un regalo y que sólo Dios sabe cómo y cuándo dejaremos el cuerpo. Confiamos en que nuestro espíritu va a la paz eterna.

El período de duelo, sin embargo, es una lucha real. Una vez más, tenía que enfrentar mis sentimientos sobre la muerte. Mis herramientas incluían el libro de la Dra. Kubler-Ross titulado *Duelo*, y el de Ruth Montgomery *Vida eterna*, así como el *Libro tibetano de los muertos*. Entendí que no debería alentarse el período de luto, porque nuestro desapego es importante para el espíritu de la persona durante *el bardo*, que es un estado suspendido entre la muerte y el renacimiento.

Buscando cambiar mi carrera

Había trabajado en salud pública durante diez años con ingresos modestos. De pronto me di cuenta de que ganarse la vida como maestra de yoga no iba a sostenerme. Me dije: "¡despierta! Vives en un país capitalista, aprende a ganar dinero." Me inscribí en un instituto donde había todo tipo de talleres para capacitar a las mujeres en varias carreras como las finanzas, la publicidad y la radiodifusión. Por lo tanto, decidí que yo debería trabajar en Wall Street o en radiodifusión. En los años 70 las mujeres a penas empezaban a explorar estas carreras. Había un programa de televisión, *Semana de Wall Street,* donde la única presencia de la mujer era saludar a los hombres invitados: campo difícil de penetrar.

Entonces me concentré en la radiodifusión y me di cuenta de que muchas de las posiciones requieren capacitación técnica. Empecé a conseguir libros sobre este campo; *The Cool Fire* (*Fuego sin Llamas*) me inspiró muchísimo. Por casualidad conocimos a una francesa conservadora del Museo Metropolitano, que tenía el proyecto de hacer una exhibición de las pinturas de Diego Rivera en Nueva York. Mauricio y yo nos incorporamos al proyecto, y fuimos a México para reunirnos con el Ministro de cultura y la Presidenta del Museo

Diego Rivera, Lola Olmedo. Nos impresionó esta mujer muy fuerte que había sido modelo de Diego desde su juventud. Vivía fuera de la ciudad de México en una casa enorme. Habían cerca de sesenta pinturas originales de Diego Rivera en su casa. La logística del proyecto era complicada y muy costosa. Este proyecto extravagante no se realizó hasta que Emilio Azcárraga, Presidente de Televisa y copropietario de la televisión hispana en los Estados Unidos invirtiera muchos millones de dólares para permitir que uno de los pintores mexicanos más talentosos fuera exhibido en el Museo Metropolitano de Nueva York.

Era natural que buscáramos a nuestros compañeros *bhaktas* de Sai en la ciudad de México. El Dr. Luis Muñiz y su esposa Gail habían establecido un centro de Sai Baba. Tenían una editorial y una librería de libros esotéricos y también un restaurante vegetariano. Solíamos comer allí, donde conocimos gente muy interesante. Fue en México que vi un programa de noticias *24 Horas* donde los presentadores se despedían saludando a su publico en Estados Unidos; en ese preciso momento decidí obtener una posición en la televisión de habla hispana en los Estados Unidos.

Al volver a Nueva York, busque el canal 41 y apareció una pantalla bastante nebulosa, pero me permitía ver México en mi propia sala. ¡Qué emocionante! Sentía nostalgia; me hacía falta la sofisticación de las personas con quien nos relacionamos en México. Por casualidad, al día siguiente leyendo el New York Times vi un anuncio de SIN, la cadena hispana de televisión. Llamé a la compañía y pedí una cita con el Presidente. Había aprendido que uno debe intentar abrir puertas al nivel más alto, porque es allí donde se toman las verdaderas decisiones dentro de una corporación.

Me dieron una cita con el Vice Presidente de Medios. Fue un verdadero caballero. Después de una entrevista de una hora se despidió diciéndome que le di la impresión de ser una persona inteligente y capaz, pero no podía encontrar una posición para mí en dicho momento. Por chiripa mi currículum acabó en el escritorio de Rene Anselmo, propietario y presidente de la compañía. Dos días más tarde recibí una llamada de su asistente diciéndome que él quería verme al día siguiente a las 10 de la mañana. Yo sabía que se trataba de una *leela* de Sai Baba. Me vestí muy elegantemente, y con mucha confianza en mí misma, me presenté para entrevista de trabajo. Esa entrevista fue muy   diferente que las entrevistas espirituales que tuve con el Avatar.

Como mi currículum incluía haber asistido a una Conferencia en Rajahmundry, René me preguntó acerca de mi estadía en la India. Me preguntó si conocía Gurdjieff. Le dije que yo sabía de él pero no lo suficiente, pero que había estado en la presencia de maestros espirituales en la India. Le dije que había visto una estación de televisión en Nueva York, que tenía un gran potencial para educar e informar a la comunidad hispana, pero que la programación necesitaba mucha mejoría. Le aseguré que yo tenía el potencial para convertirme en una empleada muy valiosa para esta empresa.

Luego indagó sobre mis conocimientos de fútbol, sobre los cuales yo sabía absolutamente nada. Era un viernes. Me dió un libro sobre fútbol y me pidió que regresara el lunes y le diera un resumen con la esencia del contenido del libro. Me dio un recorrido por las instalaciones de la oficina, y me mostró una pequeña habitación redonda llena de cojines de seda. Me dijo: "Esta es tu sala de meditación, puedes usarla cuando quieras, hasta para tomar una siesta si la necesitas. Pronto ya vas a estar trabajando mucho, con el equipo de la Copa Mundial. Tu eres muy buena persona y quiero que trabajes para esta empresa. Por lo tanto, ¡puedes empezar este lunes!"

Waooooooooo…...

Yo estaba temblando. ¿Cómo podía este hombre a quien acababa de conocer darme un trabajo y ofrecerme hasta una sala de meditación en una oficina en calle 46 y Park Avenue, en el mero centro de Manhattan? No cabe duda, era *Leela* de Sai. Yo pensaba tomarme un par de meses para encontrar el trabajo apropiado, pero esto era una señal muy clara del Avatar. No pensé dos veces en aceptar la oferta. Fue emocionante tener a la leyenda del fútbol, Pele, sentado conmigo explicándome cada movida del primer juego de la Copa Mundial de 1978.

Empecé mi carrera con mucho ahínco, enorme entusiasmo y con ganas de aprender todo sobre el negocio de la radiodifusión. Nunca me hubiera imaginado que en un lapso de tres años lograría ser vicepresidente de ventas de la cadena, y que dedicaría los próximos 27 años de mi vida a este campo fascinante.

Mauricio, quien había sido profesor de francés en las mejores escuelas en Nueva York decidió adentrarse en las nuevas tecnologías de la informática. Alquiló un equipo de IBM. Nos sorprendió cuando llegó el monstruo. Era una enorme máquina que tomaba casi la mitad de un cuarto. Funcionaba, pero le quitaba el sueño. Trasnochaba experimentando con la máquina. Yo no entendía su fascinación con esa maquinaria que me parecía un dinosaurio. Hoy en día, la misma máquina es una computadora portátil de cuatro libras.

Como yo estaba luchando por ser la mejor vendedora en la empresa, avanzando en mi carrera, contaba mis días de vacaciones con una mano. Mis viajes a la India se posponían año tras año. Una pequeña imagen de Swami sobre mi escritorio es lo que estaba al alcance de mi *satsang*.

Swami llamándonos a través de la señora que limpia

La señora que venía a limpiar viajaba en el tren de Queens a Manhattan. Un día ella se sentó junto a alguien que estaba leyendo un libro acerca de Sai Baba y le menciona que donde ella trabaja tienen una gran cantidad de imágenes de este hombre. Estaba hablando con Malini Angunawela, quien trabajaba en las Naciones Unidas, y dirigía el centro Sai de esa institución.

A partir de entonces Malini perseverantemente llamaba cada semana para que asistiéramos a las reuniones de Sai el viernes por la noche. ¡Bien. Junto con mis colegas de trabajo y nuestros clientes, solíamos socializar los viernes por la noche. El viernes por la noche es para la diversión!

Seguí posponiendo mi asistencia al centro de Sai en la ONU, pero cada viernes por la noche me sentía infeliz. Mi corazón reconocía que para mi bienestar debería estar en un *satsang*. Un día Malini llamó anunciando que el Dr. Samweiss y Sharon venían a las Naciones Unidas para dar una charla sobre nuestro querido Sathya Sai. No podía disculparme. ¡Tenía que asistir!

De allí en adelante, comenzamos a asistir regularmente a los *Bhajans* de Sai los viernes. Shuba Ramakrishna y su marido quien era el presidente del Banco de la India en Nueva York, eran nuestros vecinos y devotos de Sai Baba. Shuba, y su hija Shanti, son talentosas cantantes de *bhajans*. Se convirtieron en nuestras queridas amigas, y aprendimos a cantar *bhajans* con ellas.

Un yogui al umbral de nuestra puerta

Otra señal fuerte, que interpretamos como un llamado de Sai fue una visita inesperada. Un día a las siete de la mañana el timbre de la puerta sonó. ¡Que sorpresa! Un *sadhu* hindú vestido con un *dhoti* anaranjado nos venía a visitar. Yo había conocido a Yogi Shanti cuando estaba enseñando yoga en la escuela de Swami Bua once años atrás.

Teníamos otro invitado, Laurent, sobrino francés de Mauricio de ocho años de edad. El niño parisino se quedaría con nosotros por un mes. Allí nos encontramos con un par de huéspedes totalmente incongruentes. Yogi Shanti acababa de terminar un ayuno de 40 días. Venía al Occidente para demostrar sus poderes yóguicos a científicos, tales como la transformación del cuerpo en luz.

Laurent sólo hablaba francés pero todo lo que comunicaba el Yogi lo captaba. Nosotros éramos interpretes cuando Yogi Shanti le contaba historias al niño, diciéndole que, después de que él se desprendiera de su cuerpo, se transformaría en luz, y volvería para llevarlo a visitar otros planetas. Cuando Laurent regresó a París, la hermana de Mauricio, Nicole, nos llamó. Ella estaba frenética. ¿Cómo podíamos permitir al Yogui poner estas ideas en la cabeza de Laurent? "Ahora, dice que va a ir a otros planetas," nos dijo. Nos reímos y le aseguramos que su hijo se había divertido y que lo habíamos cuidado con todo esmero. Le dijimos que no se preocupara, Laurent es un niño sano, inteligente y muy cuerdo.

Yogi Shanti solía despertarme a las cuatro de la mañana a meditar. ¡Imagínense. Yo tenía que trabajar! Pensé que esto era un llamado de Sai Baba, y comenzamos a hacer planes para ir a verlo en navidad.

Desde que conocí a Sathya Sai, mi madre, católica convertida en evangelista, había escuchado mis aventuras y mi admiración por el Avatar pero me advertía: "¡Ten cuidado! Hay falsos profetas." Le expliqué a ella, una y otra vez, que la gente de todas las religiones seguían las enseñanzas de Sai Baba. El dice: "Solo hay una religión, la del amor." Yo quería que mi madre fuese bendecida por el Avatar. La invité a que nos acompañara a la India pero siempre estaba indecisa. En noviembre de 1989 yo tenía que comprar los pasajes y quería saber si vendría. La llamé con un ultimátum, pero ella contestó: "Gracias, pero no, gracias!"

Me desilusionó que ella rehusara algo tan especial y le pedí a Baba que me diera una señal. Se me ocurrió que ella debería enviar a alguien a representarla. Así ella podría escuchar no sólo mi historia, sino que también la de otra persona. Pensé que uno de mis hermanos podría tomar su lugar. Mis hermanos mayores ya estaban casados. El más joven, Jorge, aun estaba en la Universidad. Llamé a mi madre para contarle mi nueva idea. Esa misma mañana, Jorge le había comentado: "¿cómo puede usted rechazar un viaje a la India? Si yo tuviese una oferta como esa, al instante aceptaría." Y así fue como Jorge tuvo la oportunidad de recibir la bendición de Sai Baba.

El Viaje con el grupo de las Naciones Unidas

En primer lugar, Mauricio y yo anunciamos al grupo de las Naciones Unidas que iríamos en Navidad para recibir *darshan* de Sai Baba. Malini preguntó: "¿Puedo venir con ustedes?" Sucesivamente otras personas se añadieron y terminamos siendo un grupo de diez.

En nuestro camino a Bombay, llegamos a París muy de mañana; pudimos pasar todo el día en París, así es que fuimos almorzar con Nicole y Laurent. Al final del día nos despedimos con besos de nuestros parientes franceses y emprendimos el resto del viaje acercándonos más y más a nuestro amado Sai. ¡Qué emocionante!

Llegamos a Bombay al amanecer y fuimos a un hotel cerca del aeropuerto para descansar, ya que al atardecer teníamos otro vuelo hacia Bangalore. Negociamos el uso de las habitaciones durante el día. Todos estábamos agotados pero yo quería salir a almorzar al Hotel Taj Majal. Logré entusiasmar a Mauricio, a Jorge y a Terry McLuhan, hija de Marshall McLuhan, este último es el genio de los medios de comunicación muy conocido por su libro *El medio es el mensaje*.

Disfrutamos mucho el paseo; al regresar al hotel encontramos a nuestras compañeras de viaje discutiendo con el gerente del hotel porque estaba pidiéndoles mucho más dinero que los precios que habíamos establecido en la mañana. Esta falta de palabra me molestó mucho y le dije: "No nos hagas eso a nosotros, ¡yo soy *Durga*!" ¡Bien. No titubeó este hombre; se tiró al suelo y me tocó los pies en *padnamaskar*! Humildemente aceptó estar de acuerdo con el precio que nos había dado por la mañana. Íbamos riendo en el camino hacia el aeropuerto. Para alguien de Honduras, al parecer, yo sabía cómo tratar con negociantes en la India.

La navidad estaba a la vuelta de la esquina y el *ashram* estaba repleto. Nos dieron una sala para cinco mujeres por dos días, aunque después nos darían mejor alojamiento. Mauricio y yo compartimos una habitación. Jorge, mi hermano optó por permanecer en un dormitorio comunal para occidentales. Nunca había compartido su habitación con nadie, por lo que para él, era una experiencia muy novedosa estar entre tanta gente.

Disfrutamos inmensamente la Navidad. Para año nuevo algunos en el grupo tendrían problemas estomacales. Yo fui al pueblo, compré bastantes patatas, sal y mantequilla; fui a ver a Monica Muñiz, quien tenía una cocina, y allí pude hervir las patatas. Mis compañeras de viaje se deleitaron; nos reíamos diciendo: "¡Qué suntuosa cena de año nuevo!"

Darshan tras *darshan* Baba no nos llamaba a ninguno de nosotros a entrevistarnos con él. Sólo Mauricio, Malini y yo habíamos tenido entrevistas con Baba en el pasado. Yo aconsejaba al grupo de ser proactivo, que se enfocaran en Baba. A pesar de que ninguna de ellas había tenido la experiencia, me decían: "Rosa, ¡tú no entiendes! Es la visión interior lo que vale, la entrevista no importa." Pasó el tiempo; ya solo nos quedaban dos días en el *ashram*. Fui al pueblo para enviarle un telegrama a Baba, diciéndole que había invitado a mi hermano y que una entrevista con él sería una experiencia inolvidable para un joven de Honduras.

Esa noche tuve un sueño con Baba dándonos una entrevista, regalando *saris* anaranjados a las mujeres y *dhotis* a los hombres. Ese día me levanté a las tres de la mañana y me fui a meditar frente a la residencia de Baba. Le imploré que hablara con nosotros y nos aconsejara. A las cuatro de la mañana me uní a nuestro grupo y les conté mi sueño. Llegaba la hora de ir y esperar el *darshan*. No sé cómo acabé sentada aparte de mí grupo. Me tocó la tercera fila. Ubiqué a nuestro grupo al lado opuesto al mío. La persona en la segunda fila se levantó y yo tomé su puesto; luego la persona en el frente se fue y me apresuré acabando en primera fila.

Estaba bien ubicada cuando Baba salió con su majestuosa forma andar, y vino hacia donde yo estaba. Un grupo de argentinas estaban al par mío y pidieron en voz alta: "Swami, Swami, entrevista, por favor." Baba les pregunta "¿Cuántos son?" Creo que dijeron veinte. Baba les respondió: "Son muchos." Aproveché la oportunidad y le dije: "Baba, solamente somos diez del grupo de las Naciones Unidas, ¿nos llamas?" Con amor dijo: "¡Vengan!" Salté rápidamente y mis compañeras me siguieron. Mauricio y Jorge llegaron a la veranda. Mi corazón latía tanto que parecía que iba a salir de mi pecho, ¡poom, poom, poom!

Vi a los hombres de nuestro grupo en la veranda.
Baba le dio un abrazo a Mauricio pero no lo incluyó.
Me dio tanto pesar que Mauricio no estuviese en la
entrevista, pero Baba lo excluyó cariñosamente.
Afortunadamente, Jorge, mi hermano, logró entrar.

La dulzura e inmenso amor que nos da Swami nos
hace derretir en su presencia. Todos nos sentamos
en el piso. Yo estaba frente a él, Malini a mi lado.
Ella comenzó a frotar los pies de Swami y él le dijo:
"No lustrabotas" y todos nos reímos. Malini nos
había confiado su deseo de tener un par de aretes de
perlas. En un momento dado, durante la entrevista,
Baba agitó su mano y materializó un par de aretes de
perlas delante de ella, pero él procedió a ofrecérselas
a una señora sentada junto a Malini. Las pruebas de
Swami son palpables. Regañó a una joven pareja
venezolana, diciéndoles que dejaran de pelearse, y
les materializó un pequeño *Shiva Lingam*. También
estaba una pareja de ancianos hindúes, y él le
materializó un reloj al caballero. Además habían tres
sadhus hindúes; Baba entró al otro cuarto y les trajo
dhotis anaranjados. Yo no podía creer que lo que
estaba sucediendo esa mañana era una réplica de mi
sueño de esa noche. ¡*Leelas* de Swami!

Swami llamó en privado a la pareja hindú, a los
sadhus, y luego nos llamó a nosotros. Le indicó a

Jorge, mi hermano que se sentara delante de él, y colocó sus pies en las rodillas de Jorge, manteniéndolos así durante toda la entrevista. De vez en cuando le tocaba la mejilla y lo aconsejaba. Violeta, una compañera de nuestro grupo, estaba de luto por el reciente fallecimiento de su marido y le preguntó a Baba: "¿dónde está mi esposo?" Baba le respondió: "Él está conmigo." La aconsejó y la consoló.

Durante esta estadía, coincidió que un grupo de latinoamericanos ensayaban *bhajans* en español con la esperanza de cantar en el *Mandir*, y por supuesto nos unimos a ellos. Un venezolano le pidió a Baba si nos permitiría cantar al día siguiente. Baba dijo: "¡Sí, sí!"

Terminó la entrevista y todos salieron; yo me quedé de último para preguntarle: "Baba, ¿puedes darle una entrevista a los hombres que no incluiste esta mañana?" Dijo "¡Sí!" A continuación, le rogué, "esta misma tarde, Baba?" Respondió: "¡Sí!"

Salí corriendo para decirle a Mauricio que Baba lo llamaría esa misma tarde y que se vistiera impecablemente.

Ese fue uno de mis días más emocionantes en *Prasanthi*. Por la tarde, Baba llamó a Mauricio. Al verlo levantarse, por supuesto corrí hacia el *Mandir*. Lo que me sorprendió es que nadie más del grupo se levantó, ni siquiera Jorge mi hermano.

Entramos con una pareja joven que tenía un bebé, y Baba le materializó un juguete. ¡En un día vi tantas materializaciones! Baba es más que generoso. Estaba tan contenta de que Mauricio tuviese la oportunidad de conversar una vez más con Baba. Al final, refiriéndose a Jorge, mi hermano, le pidió a Mauricio: "Tráemelo mañana."

Al salir de la entrevista Baba me preguntó: "¿Ustedes van a cantar *bhajans* en español esta tarde?" Me asusté: ¿cómo sería posible avisarles a todos los cantantes dispersos en el *ashram*, que las mujeres se cambiaran a *saris* blancos, y poder estar todos listos dentro de una hora? Le dije: "Baba, eso no es lo que dijiste esta mañana, dijiste mañana por la tarde." Sentí un gran alivio cuando él me contestó: "¡*Acha*! Si, mañana por la tarde."

Llega nuestro último día en *Prasanthi*. Mauricio obtuvo un permiso para estar en primera fila con Jorge, y así cumplir con el encargo de Swami. Al entrar a *darshan*, el *seva Dal* insistió que el permiso solo era para una persona. Hesitando, Mauricio le cedió el puesto a Jorge, y el tomó asiento atrás. Baba pasó en *darshan* sin llamar a Jorge.

Yo les había avisado a todos los cantantes que estuvieran listos a cantar en el *Mandir* esa tarde. Nos vestimos todos de blanco, y parecíamos ángeles, esperando la señal para entrar en el *Mandir*. De repente oímos rumores que el grupo español no iba a cantar, sino el grupo alemán. Los latinos comenzaron a dudar, pero yo les advertí: "Baba me dijo que nuestro grupo canta esta tarde. ¡No desistan!" Esperamos sentados en la arena bajo un fuertísimo sol. En vez de salir a *darshan*, Baba entra en su carro y se va del *ashram*. Rendidos, muchos devotos se fueron, para beber agua, descansar en la sombra, ir a su cuarto, en fin. ¿Acaso se acabó el *darshan*? De repente, Baba regresa y señala a ambos grupos, el español y el alemán, que entren en el *mandir*. Finalmente, ambos grupos iban a cantar, alternando, una canción en alemán y otra en español.

Esta fue nuestra lección de perseverancia. Un joven guatemalteco quien había pasado seis meses en el *ashram* buscando consuelo por la pérdida de su padre, ensayó asiduamente con nosotros, sin embargo fue uno de los que renunció a permanecer en *darshan*. Cuando él volvía a su habitación escuchó nuestro canto a través de los parlantes, pero no pudo ni salir de su edificio porque el portón estaba con candado.

Mauricio estaba sentado con los mejores cantantes a los pies de la silla de Swami. Al entrar Baba lo regañó, diciéndole: "Que incumplido, ¿no te dije que me lo trajeras?" Es evidente que deberíamos seguir sus instrucciones a pesar de cualquier obstáculo.

Baba se veía muy contento escuchando nuestros cantos. Jack Lenchner había querido hacer un video del evento, pero no se le permitió llevar su cámara. Una vez que estamos dentro del *mandir*, Baba camina por el pasillo y le pregunta a Jack: "¿dónde está tu cámara?" "Afuera, Baba." "¡Tráela!" Jack se apresuró a traer la cámara y comenzó a filmar la presentación; sostuvo la cámara en alto con una mano. ¡Qué suerte, incluso, tendríamos un recuerdo del evento! Esa fue nuestra última noche. El taxi nos esperaba para ir a Bangalore. Las *Leelas* de Swami hacen que cada viaje sea especial.

LEELAS

Leelas donde Simi

En el verano de 1983, estábamos visitando a la hermana y el sobrino de Mauricio en Francia. Laurent ya era un adolescente, y Mauricio decidió llevar a su sobrino en barco de vela para inculcarle disciplina, pues mostraba indicios de la indisciplina característica de la adolescencia. Mientras tanto, yo volví a mi trabajo y me encontré el 30 de agosto, día de mi cumpleaños, totalmente frustrada en Nueva York. Todos mis amigos estaban de vacaciones, y yo me sentía sola. Tuve la suerte al recibir una llamada telefónica de Yogi Shanti, quien me preguntó: "¿Qué estás haciendo esta noche?" Le dije "nada en especial, estoy tan frustrada y hoy es mi cumpleaños" y me dijo: "bueno, ¿por qué no vienes a cenar conmigo? Hay un apartamento en la calle 72 adonde todas las imágenes de Baba están llenas de *vibhuthi.*" Al oír esto me entusiasmé. Había visto materializaciones en la India, pero nunca en Nueva York.

Llegamos a las seis de la tarde. Unas pocas personas estaban cantando *Bhajans*, y efectivamente todas las imágenes tenían *vibhuthi*. Esta experiencia me impresionó muchísimo; en el marco de la ventana escrito en *vibhuthi* aparecía el mensaje: "canten *bhajans*, Sai." Estaba claro que de allí en adelante deberíamos integrar *Bhajans* en nuestras vidas con disciplina.

Cuando Mauricio regresó del sur de Francia yo estaba muy feliz de poder sorprenderlo con estas pruebas de la omnipresencia de Baba, con sus 'tarjetas de visita' aquí en Manhattan. ¡Qué extraordinario! nos entreteníamos como niños. No queríamos ser una imposición para esta familia, pero decidimos preguntarles: "¿Podríamos venir a su apartamento todos los domingos a las cinco de la tarde a cantar y a meditar por un rato?" "Son Bienvenidos" dijo Simi, la señora de la casa, "pero yo estaré trabajando." Así que por varios meses, todos los domingos, Reetu, su hija de cinco años, nos abría la puerta y los tres teníamos *satsang*. Ese fue el comienzo de lo que en mi vida sería una serie constante de *leelas de* Swami durante los próximos veinticinco años, y una gran amistad con Simi.

Poco después, Simi buscó una casa en Larchmont, y la familia se mudó allí. Desde el apartamento en Nueva York, no sabía cómo transportar la imagen principal de Baba que estaba llena de *vibhuthi* y *amrith*. Increíblemente, tan misteriosamente como la manifestación de *vibhuthi*, la imagen se transportó sola y apareció colocado en un cuarto de la nueva casa.

Un día decidimos tener una *puja* un domingo por la mañana. El sacerdote llamó desde New Jersey para avisarnos que no podría llegar porque tenía problema con su coche. Ya teníamos todo preparado para el ritual de *abhishekam,* y le dije a Simi: "bueno, ¿por qué no hacemos nosotros la *puja?*; Tenemos flores, incienso, yogurt, miel; nosotros podemos repetir el *gayatri mantra."* Y así lo hicimos. Habían otros invitados presentes. Terminado el ritual, fuimos al comedor a tomar *prasad.* Volvimos al cuarto de meditación, y vi que en el frasco de vidrio con *vibhuthi,* algo brillaba. Me di cuenta que algo se había materializado: ¡perlas! Empecé a sacarlas con una cuchara, unas eran pequeñitas, algunas medianas y otras más grandes. ¡Dios mío! Estábamos todos entusiasmados y sorprendidos. Imagínense lo que es presenciar verdaderas perlas materializadas en nuestra presencia. Repartimos las perlas entre los que estaban presentes, pero la mayor parte se le dieron a la madre de una niña que tenía problemas autistas, y Simi decidió que se le hiciera un collar.

Las reuniones de *satsang* donde Simi fueron siempre muy especiales. Muchos de los que asistían, traían sus propias fotos de Sai, las cuales pronto se llenaban de *vibuthi, kukum* o *amrith.* Yo también traía una de mis imágenes y le decía a Baba "si estoy haciendo las cosas bien, que aparezca *vibhuthi* en mi imagen." Mientras cantábamos *Bhajans*, yo podía ver cuales fotos obtendrían *vibhuthi*, algo nublado comenzaba aparecer en el fondo; cuando eso sucedía, yo estaba segura que en esa imagen se materializaría *vibhuthi*. *Leelas* de Swami, tiempos interesantes.

Un día decidimos cantar *akhanda Bhajans* en casa de Simi, pero sólo éramos seis personas. Pensé '¿cómo vamos a cantar durante 24 horas, seis de nosotros?' Decidí invitar a un venezolano guitarrista clásico. Pensé: por lo menos puede darnos un descanso, a las seis de la mañana al final de las primeras doce horas. Como respaldo, en caso de que nos sintiéramos agotados, teníamos una colección de *bhajans* en grabación. Cerca de las dos de la mañana nuestro nivel de energía comenzaba a agotarse, cuando de repente se abre la puerta y entran dos devotos llenos de energía. Uno de ellos comenzó a cantar un *bhajan* al dios Shiva con tanta intensidad, que nos revigorizó. Temprano en la mañana algunas familias hindúes se sumaron al grupo, y noté una sombra en la imagen de Baba; unas horas más tarde, al terminar el *akhanda bhajan*, para el asombro de todos, esa imagen estaba cubierta de *vibhuti*. ¡Mas *Leelas* de Swami!

Otro día por la tarde, mientras cantábamos *Bhajans*, un anillo se materializó debajo del vidrio en una fotografía de Baba. Estábamos incrédulos, pero terminamos el *Bhajan*. Al terminar la sesión de *Bhajans,* llevamos el cuadro a la mesa del comedor, lo abrimos, y era un anillo de hombre. Todos los hombres que estaban presentes se lo probaron, pero sólo al propietario de la casa, el marido de Simi, le quedó perfecto. Obviamente era para él. *Leelas* de Swami. ¡Tarjeta de visita emocionante!

En una *puja* para el día del padre, al abrir un coco, encontramos la estatua de una diosa en miniatura. Otro fenómeno: en el cuarto de la *puja*, había un pequeño *lingam*, era más pequeño que mi mano pero durante un período de diez días, creció y creció, hasta un tamaño mucho más grande, tal vez diez veces de su tamaño original. El cuadro principal, el mismo que se trasladó misteriosamente desde el apartamento de Nueva York, continuaba materializando *vibhuthi*, *amrith* y *kumkum*. La gente entraba con mucha reverencia en aquel cuarto.

Una vez, cuando fuimos a visitar a Simi, ella estaba muy emocionada que en una estatua de Shivá en el cuarto de *puja*, Baba mismo había aparecido en miniatura, parado en la cabeza de Shiva. Ella le pidió permiso a Baba tomar una foto, y él lo consintió. Simi tomó una foto Polaroid y nos la mostró. Fue algo increíble: Allí estaba Baba en miniatura, parado en la cabeza de Shiva. ¡*Leelas* de Swami! Que emocionante ver tales cosas.

Había una devota que necesitaba un trasplante de riñón, estaba en búsqueda de un donante. Sus padres no calificaron; así que su único hermano se convirtió en el donante. Mientras tanto, decidimos dedicarle una noche de *bhajans*. Cerca de las once de la noche, nuevamente, *kumkum* y *vibhuthi* comenzaron a producirse en la foto de Baba; y en el *lingam*, que estaba en una bandeja de plata, se derretía el *amrith*, que se le ofreció a ella en cucharadas. ¡Qué regalo! Otra *Leela* de Swami.

Al día siguiente, camino a Manhattan, ella y otro devoto iban en la parte trasera del coche. Les escuchamos hablar como si tuvieran algunas dudas sobre lo que había sucedido. Dios mío, pensé

¿cómo podían dudar de lo que habían experimentado? Me di vuelta y les recalqué: "No puedo creer que ustedes están dudando de lo que han visto con sus propios ojos." Dos días después recibí una llamada de ella, diciéndome que su madre le ha informado que en su apartamento en Chicago, *vibhuthi* está materializándose en las fotos de Baba. *Leelas* de Swami.

Simi se había mudado tres veces, a Manhattan, a Larchmont, y a Scarsdale. Las manifestaciones de Baba la siguieron en los tres lugares. Ella amaba ofrecer *bhajans* y *pujas* en ocasiones especiales, reuniendo amigos y vecinos. Entre estos, algunos eran miembros del centro Sai de las Naciones Unidas. De alguna manera, llegó a la jerarquía de la organización que algo inusual, y tal vez inapropiado, estaba sucediendo en la casa de Simi, por lo que enviaron una carta anunciando su visita oficial. Habían recibido quejas acusando a Simi de pretender que su casa era un centro de sanación con fines de lucro. Eso era absurdo, por supuesto.

El día de la visita coincide con la celebración del día de la tierra, y en la sede de Naciones Unidas habían miles de flores que descartarían al final del día. Así que recogimos todas esas bellas flores para honrar la visita oficial; cada habitación en casa de Simi estaba repleta de flores. Cuando llegaron los oficiales de la organización, se sorprendieron. A continuación, nos sentamos y discutimos la situación. Mauricio fue el defensor más expresivo de Simi. Yo simplemente dije que ella ha sido muy generosa, jamás ha cobrado un centavo, al contrario, ella siempre ha tenido cortesía con todo el mundo que llega a su casa, ofreciendo *satsang* y *prasad*.

Simi era una persona muy especial. Como enfermera atendía los casos más drásticos, eligiendo hacer los turnos de la noche en la sala de emergencia para poder ayudar a los pacientes moribundos. Como ama de casa, era una madre ejemplar y cariñosa, pero sobre todo, era una devota ferviente de Sai, y una infatigable buscadora espiritual. Soy feliz que siempre pudimos serle fieles a nuestra querida amiga.

Conciertos celebrando el cumpleaños de Baba.

El amor y la fascinación por la música clásica de la India inspiraron a Mauricio a organizar conciertos en las Naciones Unidas. Se los dedicó a Swami en su cumpleaños. Mauricio originalmente había ido a la India en 1967 en la búsqueda de esa música. En su último año en la Universidad de Columbia tomó un curso en Humanidades Orientales. Un día Surya Kumari, una famosa cantante de Madras dio una presentación que lo inspiró a ir al país de dónde proviene esa música mística. Un año más tarde estaba abordo en un barco de Brooklyn a Bombay.

Ahora, en el otoño de 1992, Mauricio estaba tratando de encontrar un cantante clásico de la India para un concierto en el Auditorio Dag Hammarskjold de las Naciones Unidas. Esto parecía ser una propuesta costosa, y como sabemos, en eventos dedicados a Swami no hay dinero involucrado. Las circunstancias que rodean este esfuerzo muestran como Swami opera. Pensamos que algo le ofrecemos, pero nosotros recibimos mucho más.

Desde hacía un año queríamos comprar un apartamento más grande. Los precios se habían disparado y parecía imposible permanecer en el vecindario que tanto nos gusta, Tudor City, frente a las Naciones Unidas.

Años antes, Mauricio le había mencionado al vecino en el piso superior que si algún día pensaba dejar ese apartamento que nos avisara. Habían pasado diez años y Françoise, una vecina tocó a la puerta para decirle a Mauricio que nuestro vecino en el piso de arriba, le había comentado sobre nuestro interés en el apartamento. Ella vino para avisarnos que el vecino, quien se había retirado en Francia, había fallecido recientemente; su madre de 92 años, estaba deseosa de vender el apartamento.

Nos pusimos en contacto con la señora francesa; le hicimos una oferta y ella aceptó inmediatamente. Acostumbrada a negociar con clientes, considero que esta fue la negociación más fácil que he hecho. Al día siguiente, ella nos llamó para decirnos que le están ofreciendo el doble del precio negociado, y en efectivo. Mi respuesta fue: "Pensé que los franceses eran honorables, y así concluimos un acuerdo. Dije: "Podemos pagar en efectivo pero al precio ya negociado." Con mucha dulzura nos dijo: "Ustedes son buena gente, y conocían a mi hijo. Me gustaría que se quedaran con el apartamento". Para abreviar el cuento, los abogados habían fijado la clausura para el 19 de noviembre. A los pocos días nos llamaron, cambiando la fecha al 23 de noviembre, a las 4 pm. ¡Justo el día del cumpleaños de Swami! Qué casualidad. Asistimos a la clausura y nos apresuramos para llegar a las Naciones Unidas donde el Auditorio Dag Hammarskjold ya estaba lleno. *Leelas* de Swami.

Mientras estábamos en asuntos de inmobiliaria, Mauricio trataba frenéticamente de conseguir un artista para el concierto. Alguien sugirió a Lakshmi Shankar, devota de Sai, y una cantante de alto calibre: su voz se escucha en la película *Gandhi*. Por teléfono nos dijo que iba a Calcuta a un festival internacional; ella llamaría la aerolínea para ver si era posible venir desde Los Ángeles a Nueva York y despues continuar hacia la India. Al día siguiente nos informó que la aerolínea había cambiado su itinerario, permitiéndole cantar en este concierto honrando a Baba. *Leelas* de Swami.

Fue un honor tener a Lakshmi Shankar como nuestra huésped en esta y en otras ocasiones. Se convirtió en una muy querida amiga. Tengo una gran admiración por la disciplina de artistas consumados como Lakshmi. En la India la formación musical es similar al *sadhana* espiritual. Lakshmi entrena su voz siete horas al día, siete días a la semana, lo ha hecho durante muchos años. En uno de sus viajes a Nueva York, ella tenía un concierto en el Lincoln Center. Entonces se quedó con nosotros. Escuchar su voz mientras hacía sus ejercicios vocales fue para mí una experiencia celestial.

El apartamento en el piso superior se convirtió en la sala de meditación de Swami. Casi siempre que íbamos a *Bhajans,* estas eran en el sótano de la casa. Yo me preguntaba: "¿Por qué eligen el sótano para Swami?" Visualicé tener una sala de meditación con una sola imagen de Sai, de cuerpo entero. Al fin, le pudimos ofrecer la mejor habitación a Swami. Tiene una vista al parque y es increíblemente silenciosa, un oasis de paz en el medio de Manhattan.

Para otro cumpleaños. Mauricio logró conseguir a Ravi Coltrane, hijo del famoso músico de jazz John Coltrane, que en su carrera había buscado integrar el jazz con la música clásica de la India. Se me ocurrió que en la pantalla del auditorio, detrás de los artistas, proyectáramos la película *Amor puro*, mostrando en cámara lenta a Swami caminando entre los devotos y dando *padnamaskar*. La combinación de la música y la película fue mágica. Alice Coltrane, la madre de Ravi, también música profesional, era una ferviente devota de Sai, y como guía espiritual, tenía un *ashram* en California.

Las visitas de Yogi Shanti; recordatorio a la vida satwica

Yogi Shanti se convirtió en uno de nuestros amigos más queridos. Él viajaba por el mundo, pero nos visitaba y permanecía unos días con nosotros varias veces al año.

Nosotros gozábamos con sus excentricidades. El cocinaba comida *satwica*. Le fascinaba la nueva tecnología y no se despegaba de su celular y cámara fotográfica. Conocía a tanta gente en todo el mundo, y lo llamaban a cualquier hora del día o de la noche.

Lecturas de Shukanadi

En uno de sus viajes a los Estados Unidos Yogi Shanti decidió traer a un renombrado astrólogo *Védico*. Él nos llamó de Haridwar y preguntó si podían quedarse con nosotros. Yo no estaba muy entusiasmada, pero insistió, y le dije que ambos podían quedarse un fin de semana. ¡Bien. Ese fin de semana se prolongó a un mes! Sentí vergüenza por haber estado renuente a cumplir con la petición de Yogi. El astrólogo, Ramakrishna era un hombre de 38 años de edad, extremadamente gentil y muy bien educado. Era un erudito en sánscrito. Su padre había hecho un extenso análisis astrológico para Sai Baba que aparece en el libro *Viviendo la Divinidad*. Sobrevivimos sólo porque nunca nos aburríamos. El estar con estos dos personajes era como pasar en un constante *satsang*, y su compañía se convirtió en nuestro único entretenimiento.

Yogi Shanti hizo citas con diplomáticos y presidentes de empresas importantes. Nunca imaginé que podían interesarse tanto en este tipo de lectura. Se instalaron en nuestra sala. Al final del primer día, entré en nuestro apartamento y yo no sabía dónde meterme. ¡Estaba repleto! El astrólogo y el yogui se habían trasladado al dormitorio. Les concedí esto con la condición que me permitieran observar y escuchar las lecturas. Además, establecí normas; no queria ninguna transacción de dinero en nuestra residencia, aunque si algunas personas los apreciaban, podían dejarles una contribución. Era sorprendente como Ramakrishna incluso hacía lecturas por teléfono para la gente que lo llamaba desde Suiza, Francia, Italia, Inglaterra, Los Ángeles, San Francisco y muchos otros lugares. Yogi Shanti y Ramakrishna fueron invitados a diferentes lugares a través de los Estados Unidos, Canadá y Europa.

Yogi Shanti tenía un talento innato para la creación de redes y relaciones públicas. Él conocía a muchos líderes espirituales. Cuando Amachi venía a Nueva York, él nos invitaba; yo estaba tan ocupada en el trabajo que me era casi imposible aceptar su invitación pero él insistía. "Si vienes, lograré que Amachi los abrace en cinco o diez minutos," así era. Al llegar, allí estaba el yogi con el cónsul o Embajador de la India y nos dejaban pasar sin demora. Yogi Shanti era invitado a seminarios de Deepok Chopra y él siempre nos llevaba. Conocimos a muchas personas y lugares interesantes a través de él.

Yendo a Kodaikanal terminamos en Perú

Siempre habíamos querido visitar Kodaikanal, un lugar de retiro en las montañas donde Sai Baba va por lo general en abril. Abril y mayo es la época del año más activa en el negocio de la televisión - es cuando millones de dólares se negocian en el mundo de la publicidad. Yo no podía tomarme ese tiempo libre, pero, en 1996 logré planificar un viaje a Kodai. Justamente ese año se desataron rumores que Swami no iría. Tenía tanto deseo de hacer ese viaje, porque pensé que sería maravilloso estar con Swami en un lugar de belleza natural, alojándonos en el Hotel Carlton, teniendo toda comodidad.

Hicimos reservaciones y estábamos dispuestos a ir, pero al final las señales eran demasiado fuertes para que no fuéramos. Yo estaba decepcionada, me sentía agotada por el trabajo y necesitaba un descanso. Pensé: Si nosotros no podemos ir a Kodaikanal, al menos podemos obtener energía de montaña ¿Acaso podemos ir a las montañas Rocky en Estados Unidos? De repente, me di cuenta que tampoco nunca habíamos estado en Machu Pichu, un yacimiento arqueológico Inca en las montañas andinas.

Rápidamente hicimos los arreglos para ir al Perú; fue justo en un momento de agitación política - La Embajada de Japón había sido tomada por insurgentes - pero pensamos: "A nosotros nos guía Baba" y nos fuimos. Nos hospedamos en Lima, la capital, sólo el tiempo suficiente para visitar los museos. Me quedé impresionada de la elegancia de los colores de la tierra sepia en el Museo de textiles. Perú tenía un Presidente de origen japonés, Fujimori. El aeropuerto estaba inundado con hombres de negocios japoneses y turistas en las tierras bajas, pero no iban a las montañas.

Valle Sagrado de los Incas

Volamos a Cuzco, nos hospedamos en un monasterio convertido en hotel. Lo primero que nòtamos en Cuzco es la impresionante construcción de los Incas con enormes rocas. Los españoles construyeron encima de la construcción Inca, resaltando los tiempos de la colonización. Visitamos un pueblo diferente por día los diez días que estuvimos familiarizándonos con el "Valle Sagrado de los Incas."

La altitud de 8.000 pies me dio 'soroche' - un leve dolor de cabeza, zumbidos en los oídos y fatiga. A la mayor parte de turistas les afecta la altitud. En el vestíbulo del hotel habían cestas llenas de hojas de coca y agua caliente. Uno debe tomar el té de coca tan pronto llega, para que nuestros pulmones se adapten a esa altitud.

Cuzco es uno de los lugares más interesantes del mundo. Los campesinos cultivan patatas, quínoa y otra variedad de alimentos. La gente en las montañas parecen tibetanos, los niños con sus mejillas rosadas, flores en sus cabezas y coloridos trajes bordados de tejidos de lana.

Nuestro objetivo era explorar Machu Picchu, el sitio arqueológico Inca más importante. Desde el

Cuzco uno toma un tren que baja la montana en zigzag. La mayoría de los turistas solo dan un paseo rápido, almuerzan y se van, pero nosotros queríamos explorar esas impresionantes montañas, Huayna Picchu y Machu Picchu. Nos quedamos tres noches y cuatro días.

Mauricio había ido a una librería en Cuzco y se encontró con alguien con un doctorado en antropología, que tenía una imagen de Sai Baba en su oficina y nos recomendó que, además de tomar el tour histórico de Machu Picchu, tomáramos el tour espiritual. Para ello necesitábamos localizar a un indígena llamado ChuChu.

El primer día, exploramos las ruinas con un guía que tenía un doctorado en historia. Preguntamos por ChuChu pero nadie lo conocía. El segundo día, estábamos dispuestos a escalar la montaña nosotros solos, sin guía. Comenzamos temprano en la mañana y subimos parte de la montaña, hasta que nos percatamos de que, para tal aventura, uno necesita un guía nativo, quien conoce bien ese lugar. De vuelta hacia el hotel, vimos a un indito con su sombrero y traje de lana, mochila en brazo llena de hojas de coca. Le preguntamos si él conocía a ChuChu. Para nuestro asombro, él contestó: "Yo soy ChuChu." Nos presentamos y le dijimos que estaba altamente recomendado por el profesor de Cuzco. Le pedimos que por favor nos guiara a escalar la montaña.

Arrastrándonos como un gusano para llegar a la cima de la montaña

Esa mañana nos levantamos al amanecer y por suerte, nos permitieron entrar en las ruinas. Yo fui a meditar en el Templo del Sol. Le pedí a Baba que nos diera muestra de su presencia en ese lugar. ¿Podría materializarnos un arco iris? Habíamos leído que él lo había hecho para uno de sus primeros devotos de California.

Ya teníamos un guía nativo con conocimiento esotérico y a quien le teníamos confianza. Yo intenté vender el tour a otros turistas, pero no les interesó. Hombres fuertes no tenían el valor para emprender esa altísima caminata. Yo quería que ChuChu ganara un poco más de dinero. Al final, una dama de Lima, Mauricio y yo nos unimos con ChuChu para intentar llegar a la cúspide de la montaña. Es una experiencia única. El camino solo acomodaba una persona a la vez. La vegetación estaba espesa y no podíamos ver ni hacia arriba ni hacia abajo, solo avanzar paso a paso. A menudo, ChuChu nos ofrecía hojas de coca para darnos energía. En un momento dado, llegamos a la roca más grande que he visto. Debajo de la roca, había un espacio - una grieta. ChuChu nos dijo que teníamos que arrastrarnos por debajo de la roca para salir al otro lado. En momentos como ese al sentir temor, siempre recuerdo los consejos de Sai Baba alentándonos al decirnos: "¿Por qué temer cuando estoy aquí?" Era el momento de negociar con él. En mi mente, yo estaba recordando que nuestra intención original era estar con él en Kodaikanal. En vez de eso, estábamos arrastrándonos como un gusano o una serpiente para llegar a la cúspide de una montaña. ¡Bien. Lo hicimos! Avanzamos un poco más y nos deslumbró la vista más gloriosa de estas dos montañas. Estábamos por encima de las nubes.

Swami materializa dos arco iris en Machu Picchu

Atónitos por esta belleza y la gran altura, nos quedamos mudos; no sonó ni una palabra por un rato. ChuChu nos sacó del trance diciéndonos que en 15 años no había visto estas montañas con tanta claridad. Cuando nos sentamos sobre una enorme roca, tomé algunas fotos, y de repente, vi que se formaba un arco iris vertical en el cielo. "¡Mira! Baba ha materializado un arco iris para mí," exclamé en voz alta: y luego sin esperarlo, se formaba otro arco iris idéntico al primero! Una vez más, exclamé en voz alta. "¡Mira, Mo, acaba de hacer otro para ti también!" Los dos arco iris estaban uno junto al otro, algo inusual.

Estábamos en un lugar celestial, y la presencia de Baba se sentía fuertemente. ¡Qué regalo! Estoy convencida de que el Avatar es omnipotente y omnipresente.

Al día siguiente, reuní a un grupo de diez personas, principalmente de Argentina, Uruguay y Brasil, para hacer el tour espiritual de Machu Pichu. ChuChu nos llevó a sitios diferentes en las ruinas. Para el ritual ponía incienso, velas, alcanfor, palos de madera, hojas de coca y granos. Comenzó a orar en Quechua (el idioma de los Incas). Él nos explicó que en cada sitio era de rigor orar a los dioses y pedir permiso a la Pacha Mama (madre tierra) para continuar con el ritual muy similar a una *puja*. Señalando las grietas de las rocas, reveló que algunas de esas enormes piedras se abren para permitir que las entidades espirituales entren en la tierra. No cabía ninguna duda de que estábamos en un sitio sagrado, digno de nuestra peregrinación.

Tarjetas de visita donde Shyla

En el verano de 1998 nuestro apartamento se convirtió en el Centro Sai de las Naciones Unidas. Debido a las restricciones en las Naciones Unidas por razones de seguridad, después de los actos terroristas del primer atentado en el World Trade Center, todos los viernes nos reuníamos a las 6 pm para cantar *Bhajans* y hacer círculo de estudio. Las discusiones del círculo de estudio a veces se extendían hasta la media noche con la participación filosófica de una ex ejecutiva de la IBM, un candidato a doctorado en filosofía y otros interesados por el conocimiento de *jnana*. Shyla, una devota de Sai viviendo en Nyack, NY, asistió a una de estas sesiones. Supo que buscábamos alquilar un lugar mientras arreglábamos nuestro apartamento, incorporando el piso superior como un dúplex. Entonces ella ofreció que nos alojáramos en su casa mientras ella iba a visitar a Sai Baba. La casa está en un enclave hermoso del río Hudson y el viaje diario a Manhattan durante el otoño, ofrecía una espléndida gama de colores con dramáticas vistas. Es simplemente precioso.

Cuando Shyla volvió de la India, arreglamos un altar en la sala principal, donde todos los días cantábamos *bhajan*s. Mauricio tocaba la flauta, creando un ambiente meditativo. Yo había traído una de mis fotografías favoritas de Baba, cubierta con *vibhuti*. Shyla decidió que deberíamos planear un gran *bhajan* y que yo le ayudara a invitar a otros devotos. Ella empezó a cocinar el jueves por la noche para la reunión del sábado, cuando cantaríamos *bhajan*s desde las seis de la mañana hasta la seis de la tarde. Como ella misma cocinaba, el *prasad* fue exquisito. Cuando casi todas las personas se fueron, nos dimos cuenta que *vibhuti* se había materializado en la silla de Baba.

Ese invierno Mauricio y yo fuimos a visitar a la familia en Honduras para Navidad. Dejé mi foto preferida de Sai con Shyla hasta mi regreso. A ella también le encantaba esa imagen del joven Baba que ya tenía *vibhuti*. Regresamos a Nueva York el seis de enero. Al día siguiente habían seis pulgadas de nieve. Esa tarde Shyla nos llama para decirnos que *vibhuti* y *kumkum* se habían materializado en las deidades en su cuarto de meditación. A pesar de la tormenta de nieve salimos corriendo para regocijarnos de este fenómeno. La energía en el cuarto era fenomenal. Era asombroso. La presencia de Baba era palpable, nos invadía.

Una tarjeta de visita de lo más inusual

Al poco tiempo de estas materializaciones, Shyla decide hacer otro *bhajan*. Swami Bua, fue nuestro invitado de honor. Tenía más de cien años de edad, y lo invitamos para que iniciara de manera tradicional la puja soplando un caracol marino. El *bhajan* comenzó el sábado por la noche. Creo que era *Dasara* y el lugar estaba repleto. Simi y yo estábamos pendientes del incienso, velas y de las flores. Nos dimos cuenta que la imagen principal en el altar comenzaba a nublarse. Mauricio regresó con Swami Bua a Manhattan, y Simi y yo le pedimos a Shyla si podíamos dormir en el piso junto al altar, esperando que *vibhuthi* se materializara.

Esa noche yo no pude dormir; a cada rato abría mis ojos para ver si algo se materializaba. No pasó nada durante toda la noche. A la mañana siguiente, pusimos en orden la casa. Simi tenía que ir a trabajar por la tarde. Shyla tenía un almuerzo en la ciudad, y yo iría con ella, pero cuando iba a subir al coche, presentí que debería ir a despedirme de Baba. Agaché mi cabeza en el altar, levantándola, se materializo *vibhuti* en todo el cuadro. Me apresuré a decirles lo ocurrido. Simi y Shyla entraron en la habitación con gran reverencia pero no se podían quedar porque ambas tenían compromisos. Yo en cambio, sí podía quedarme, y así lo hice. Por haberme desvelado, estaba agotada y sentía que necesitaba permanecer allí y meditar. Llamé a Mauricio, quien se encontraba en la ciudad para decirle lo que había sucedido y que viniera a buscarme esa misma tarde.

Vibhuti se materializa en las almohadas

Medité durante mucho tiempo. Es una experiencia que no se puede explicar con palabras. Comencé a sentirme muy soñolienta. Subí al segundo piso, fuí al dormitorio de huéspedes y, después al dormitorio de Shyla que era muy acogedor con edredones y almohadas blancas. Decidí tumbarme en su cama. Tomé dos libros, uno era *Baba y yo* por Hislop, el otro era un libro muy pequeño, con citas de Baba. Cuando leía la frase "No es suficiente que tú me ames, pero debes ver que yo te amo a ti", sentí una presencia extraña, miré a la derecha y *vibhuti* se materializaba en las almohadas blancas. No me podía mover. Estaba anonadada. Ni siquiera me atrevía a continuar leyendo; estaba sola en aquella enorme casa. Estas experiencias son algo inexplicable.

Un par de horas más tarde, sonó el teléfono; una devota y buena amiga llamaba. Le dije lo que acababa de suceder y ella decidió venir desde Manhattan a presenciar otra *leela* de Swami. Mauricio había llegado desde la ciudad, pero se quedó en el primer piso pensando que yo estaba durmiendo. Shyla me llamó desde la carretera y me preguntó: "¿Qué estás haciendo?" Le dije: "estoy en tu dormitorio y no vas a creer lo que ha ocurrido." Cuando llegó, se quedó con Mauricio a contemplar la manifestación del altar; después subieron al segundo piso y les señalé las almohadas cubiertas con *vibhuti*. Se quedaron asombrados. Cuando regresé a Manhattan aún me sentía en el cielo, pero tuve que despejarme rápidamente para ir a una reunión de ventas a las ocho de la mañana al día siguiente.

Galería con pasos de Baba en vibhuti y kumkum

Unos días después llamó Shyla para invitarnos a su casa lo más pronto posible, quería que fuésemos los primeros en ver las últimas manifestaciones. Habían aparecido huellas de los pies de Baba, en *vibhuti* y *kumkum*. Iban desde la pared y el piso del cuarto de meditación, extendiéndose a lo largo del vestíbulo y por las gradas hasta el primer piso. Tan pronto como pudimos, llegamos a contemplar esta nueva *leela* de Swami ¿Cómo preservar esta tarjeta de visita? Pues bien, cada huella se protegió con un marco de acrílico. Parecía una galería de arte. Las personas que nos visitaban las contemplaban como si fuese un museo. ¡Simplemente impresionante!

Otro bhajan, otra tarjeta de visita

Shyla, con la amabilidad que la caracteriza, invitó a muchos devotos a otro *bhajan* un sábado por la tarde. Tan pronto terminamos el canto de los *bhajans*, una devota me pidió que la llevase al cuarto de meditación del segundo piso. Nos sentamos allí durante horas compartiendo entre nosotras nuestras experiencias con nuestro amado Sathya Sai. Me gustó su sinceridad y su devoción. Ella era una persona muy adinerada, gozaba de todo el lujo del occidente, pero siempre estaba ansiosa de ir a visitar a Swami y así lo hacía.

Al anochecer, la mayoría de los invitados habían partido, pero cuando llegó el momento de despedirnos dije: "Déjame ir y decirle buenas noches a Baba." Subí al cuarto de meditación. Me incliné, bajando mi cabeza con reverencia, pero tan pronto como la elevé, sentí algo. En la imagen de Baba, al lado izquierdo de la pared, estaba apareciendo *kumkum*. Bajé al primer piso a compartir esta alegría de presenciar otra tarjeta de visita. Todos los presentes se pusieron muy contentos, Baba había venido a acompañarnos. Fue otra *Leela* de Swami.

Amrith en la estatua de Saraswati

Yo deseaba tener una *puja* en nuestra propia sala de meditación. Llamé a un sacerdote hindú e invité algunos amigos. Puse una pequeña estatua de *Saraswati* en una bandeja grande de acero inoxidable. Mi hermana espiritual, Simi, trajo a su amiga Chandra, cuyo marido había pasado entre la vida y la muerte los últimos cinco meses. Cuando terminamos la *puja* bajamos al primer piso para ofrecer *prasad*. Le dije a Chandra que tomara todos los materiales que habían quedado después del *abishekam* y los llevase a su marido.

Cuando subimos al cuarto de meditación - ¿Cual fue nuestro asombro? - la estatua estaba produciendo *amrith* y la bandeja estaba llena. Conseguí una botella y la llené de *amrith* para dársela a Chandra para su marido. Procedí a hablarle sobre la necesidad del desapego. Ella se aferraba a su marido y él no podía despegarse de su cuerpo. Siendo médico, había estado consciente que tenía una enfermedad mortal. Chandra tomó el *amrith* y cada día le daba unas gotas. Dos semanas más tarde, él falleció tranquilamente. Chandra me llamó agradeciéndome por haberla convencido de que el desapego es absolutamente necesario para liberar al ser querido que se está yendo poco a poco.

Baba en un esmoquin bailando con mi madre

A lo largo de los años he tenido sueños con Baba pero este que les relataré en particular, es muy significativo. Nos muestra cómo Swami nos tranquiliza en tiempos de crisis.

En 1995 habían hospitalizado a mi madre. Recibí una llamada de mi cuñada quien es médico en Honduras. Ella me dijo que pensaba que mi madre estaba gravemente enferma. En mi meditación le pedí a Swami de todo corazón, que hiciera lo que él pensara más adecuado para mi madre. Me quedé muy preocupada, pero esa noche tuve un sueño que fue así:

Ví a Baba vestido de esmoquin negro, y a mi mamá con un hermoso vestido largo. Ellos están bailando en un lugar con piso de mármol. Mi

mamá parecía estar radiante. Al día siguiente
llamé para averiguar cómo seguía la salud de mi
madre y mi cuñada me dió un pronóstico nada
alentador. Le dije: "Escucha, mi mamá está bien,
simplemente sáquenla de ese hospital".   La
próxima vez que llamé ya estaba en casa y fuera
de peligro, restableciéndose. En ese sueño Baba
me dio la certeza de que a mi mamá aún no le
tocaba morir. Me encanta tener las *leelas* de Baba
en mi vida.

Estancia de Mauricio en el ashram

Otra vez más, Baba llamó a Mauricio. Fuimos al
centro Sai como de costumbre los jueves. Esta vez,
uno de los devotos de mucha experiencia
organizando eventos y viajes, anunció que él daba
audiciones a aquellos que desearan estar en una
obra de teatro representando a los Estados Unidos.
Esa obra se realizaría para las celebraciones de
cumpleaños de Sathya Sai Baba de 1996. La obra
era sobre Abraham Lincoln y a Mauricio le tocó el
papel de Ministro de guerra. Swami, les dio a los
participantes mucha atención. Yo permanecí en
Nueva York. Un día durante mi meditación tuve el
presentimiento de que Mauricio debería participar
no solo en la celebración del cumpleaños de Baba,
sino que también en la de Navidad. Yo sé lo bello

que es pasar Navidad en *Prasanthi*. Le dije a Mauricio que se quedara y estuvo de acuerdo. Su estancia se extendió a varios meses. Volvió profundamente renovado.

VICISITUDES

Mi amiga Ana, la monja budista mexicana

Al año siguiente fuimos nuevamente a visitar a Swami. Una amiga y devota, Audre, actriz de mucho éxito en Nueva York, nos pidió si podía venir con nosotros. Los tres cruzamos el Atlántico. Al entrar en el *ashram* vimos a Lama Ana, una monja budista de México. Permítanme darles una idea de quién es nuestra querida amiga Ana.

Habíamos conocido a Ana Victoria durante la Asamblea General de las Naciones Unidas en los años 70. En ese momento estaba casada con un periodista mexicano muy talentoso, Luis Manuel quien hablaba varios idiomas, tocaba música clásica en el piano, era muy culto con gran conocimiento de la historia del mundo; su pasión era codearse con diplomáticos en las Naciones Unidas. Tenía una gran habilidad para socializar. Una noche en un cóctel en el Waldorf Astoria, entre los invitados, estaban el rey de Nepal, representantes de varios países y, por supuesto, Kurt Waldheim, el Secretario General. Luis Manuel intentó impresionarme diciéndome que los dignatarios vendrían a saludarlo a él y no al revés. Yo me burlé de él, recalcándole su enorme ego. Bien, tan pronto terminé el análisis de su ego, Kurt Waldheim, el Secretario general se acercó a Luis Manuel a darle la bienvenida y también nos saludó. Ese estilo de vida, pasar desayunando en el Salón de delegados y asistiendo a innumerables recepciones diplomáticas noche tras noche, lamentablemente agravaron sus tendencias alcohólicas. Años más tarde, Luis Manuel pereció de enfermedad hepática en México.

En cambio, a Ana le intrigaban nuestras experiencias con Sai Baba. Ella decidió ir a la India durante tres meses. Pensaba ir a *Prasanthi* pero acabó yendo al Tíbet, donde permaneció tres años. Vivió en los monasterios, se convirtió en una monja tibetana y escribió un libro *Otro Mundo en este Mundo*. Mi madre se interesó mucho en ese libro.

Entrando al ashram, Ana fue la primera persona conocida que vimos. Ella llevaba unas semanas en *Prasanthi* y estaba lista a partir. Estaba con el grupo mexicano a quien Swami había concedido una entrevista. Al vernos, decidió quedarse más tiempo para estar con nosotros. Mientras tanto, el grupo estadounidense nos invitó ser parte de su grupo. Le dije a Audre: "Por tan pocos días que estaremos acá, no vale la pena que la energía de grupo nos distraiga. Después de todo mi relación es directamente con Swami".

"Todos sabemos, esta es nuestra última parada"

Un día después del *darshan* matutino, Helen, quien vivía en Puttaparthi, me vino a saludar y comenzó a caminar conmigo. Aun recordaba que yo le había presentado a Baba. Empezamos a caminar juntas cuando encontramos a Jerry Bass quien tenía de las mano a sus dos niñas. Noté que su hablado era lento; estaba delgado y frágil. Pensé: Quizás ha tenido un pequeño derrame cerebral y está en recuperación. Helen me preguntó: "¿No recuerdas a Jerry?" Él me miró y me dijo: "Rosa, yo sí te recuerdo de las reuniones de Hilda Charlton." En mi mente retrocedí 25 años y así lo reconocí. Al final de nuestra conversación, al abrazarle le dije: "No te preocupes, todos sabemos que esta es nuestra última parada." Helen y yo lo vimos caminar hasta la casa de huéspedes. Fue entonces, cuando

Helen me contó que Jerry estaba muy enfermo - tenía un tumor cerebral. Yo no podía creer que él asistiera a los *darshans* igual que todo el mundo.

Ese día tuve que ir a Bangalore; Air India había perdido mi equipaje y cinco días después de mi llegada, llamaron para que fuéramos a buscarlo. Nos quedamos esa noche. Al día siguiente en cuanto llegamos, el grupo estadounidense nos buscaba para darnos la mala noticia de que el día anterior, Jerry había subido a su habitación después de *darshan* y había sufrido una convulsión. Lo llevaron al hospital donde había fallecido. Sería incinerado por la tarde, y el grupo americano iba llevar el cuerpo de Jerry al río Chitravati.

Me acordé de las últimas palabras que pronuncié cuando dije adiós a Jerry. No tenía ni idea por qué las expresé. Sentí mucha compasión por su esposa y las dos hermosas niñas. No tendrían amor paterno por el resto de sus vidas, así como no lo tuve yo. Desempaqué rápidamente, vistiéndome con un *sari* blanco para la ocasión. A las cuatro de la tarde me fui a la librería buscando al grupo estadounidense, pero no había nadie. Estuve esperando mucho tiempo. De repente, Ana, la monja budista vino hacia mí. Le expliqué lo que había sucedido. Le pedí que me acompañara al hospital. Tomamos un *rickshaw*, fuimos al hospital de súper especialidades y nos dijeron que Jerry no había sido atendido allí, entonces fuimos al otro hospital. Allí nos dijeron que todo el grupo había llevado el cadáver de Jerry al sitio de la cremación.

Pedimos al chico del *rickshaw* que por favor nos llevara a la orilla del río Chitravati y que esperara nuestro regreso. Cuando Ana y yo llegamos, no había nadie, pero el cuerpo se estaba quemando. Le dije a Ana: "Pensé que iban a cantar *Bhajans* hasta el final de la cremación. ¿Por qué le dejaron solo?" Le pedí a Ana que hiciera el favor de recitar las oraciones tibetanas para los muertos que ella sabe de memoria.

Ana estaba orando con sus manos en posición de rezo. Allí estaba yo, elevando mis brazos y diciéndole a Jerry que se fuese en paz y felicidad, para ayudarle a liberar su espíritu. Esto duró una hora y media. El sol bajó y anocheció. Hubo un momento en que el fuego hizo un ruido con destellos. Sentí que su espíritu se había ido al infinito, abandonando el cuerpo para siempre.

Ana y yo estábamos muy tranquilas; regresamos en silencio absoluto al *ashram*. Justo cuando le decía a Ana: "Qué bueno que Mauricio ignora este incidente, porque es muy sensible y le hubiera impresionado muchísimo." Entonces vimos a Mauricio caminando hacia nosotros con su flauta en su bolsa Sai Ram. Al acercarse le dije: "¡no tienes idea adonde hemos estado y lo que hemos experimentado: a Jerry lo incineraron y Ana y yo fuimos las últimas personas en despedirlo de este mundo!" Luego, Mauricio nos dice: "Bueno, yo fui uno de las cuatro personas que cargamos el cuerpo, junto con el Dr. Goldstein."

Al día siguiente en el *darshan* de la mañana, Swami llamó al grupo estadounidense para una entrevista. Audre me dice: "Nos hubiéramos unido al grupo." Le dije: "No, creo que esta entrevista era estrictamente para la viuda y las niñas." Los devotos estadounidenses le dieron tanto apoyo a esta familia que incluso las acompañaron a la entrevista.

Entrevista en primer Darshan

El 30 de agosto es mi cumpleaños. En el fondo de mi corazón tenía la esperanza que Swami nos concedería una entrevista. En el camino al *darshan* nos detuvimos para saludar a nuestro querido amigo el Dr. Subarao, el fundador del grupo Sai de las Naciones Unidas y a su esposa. Ella me dio un recipiente de acero inoxidable con arroz, que podría ser bendecido por Baba en un día tan especial para mí. Baba salió al *darshan* por la mañana y por la tarde, pero ni siquiera me vio. Me sentía como una pelota desinflada.

Ocurrió que Laurent, el sobrino francés de Mauricio y su novia, Emilie, habían ido ese verano al *ashram* de Ramana Maharshi. Laurent había conocido a Yogi Shanti cuando tenía ocho años de edad pasando vacaciones con nosotros. Nos visitó de nuevo cuando estaba terminando su bachillerato y escribía su tesis sobre Gandhi. De alguna manera, nuestro amor por la India era contagioso. Ahora tenía más de 20 años. Le habíamos sugerido a Laurent que nos visitara en *Prasanthi*. El y su novia nos sorprendieron con su llegada. No estaban vestidos para asistir al *darshan* en el *ashram*; decidieron permanecer en un hotel en Puttaparthi. Esa noche Ana nos invitó a todos a cenar en Sai Towers para celebrar mi cumpleaños. No habíamos escuchado ninguna noticia del mundo exterior, pero esa noche todos los occidentales estaban aturdidos al enterarse que la Princesa Diana había muerto en un accidente de coche en Paris. Le enviamos nuestras oraciones.

Al día siguiente, fuimos al *darshan* matutino y no vimos a nuestro sobrino. Alrededor de las once de la mañana vinieron a nuestra habitación. Lo primero que les dije era que tenían que vestirse como todos nosotros. Mauricio le dio un traje blanco de algodón a Laurent, y Emilie tenía una falda larga, una blusa y un chal. Tuvimos una reunión de reflexión creativa. Ahora éramos seis: Ana, Audre, Laurent, Emily, Mauricio y yo. "Somos un grupo pequeño y debemos ser proactivos" les propuse. "Debemos ir al pueblo, comprar seis pañuelos de seda que identifiquen a nuestro grupo. ¿En caso que Swami se nos acerque qué le vamos a decir para identificarnos? ¿Qué grupo somos, de dónde venimos?" Qué nombre darle al grupo: ¿*prema*? ¿internacional? y así sucesivamente. Concluímos la reunión, conseguimos los pañuelos y fuimos al *darshan* de la tarde. Swami sale y Audre pide la entrevista, con éxito. Todos nos levantamos, pero yo estaba preocupada de que Emily quizás no entendía bien el procedimiento. Yo la buscaba, pero cuando llegué a la veranda me di cuenta que ella había sido la primera en haber llegado.

Cada vez que Swami llama para entrevista, siento mariposas en el estómago, y las piernas me tiemblan. En esas ocasiones me aseguro que estoy modestamente cubierta con un chal; mi mente hace piruetas: "¿Sobre qué le voy a hablar?" Tantas preguntas personales y mundanas que me preocupan. Pero decidí ser amable y dejar a los demás expresarle sus inquietudes; yo guardaría silencio.

Swami fue tan maravilloso y le dio atención y muchos consejos a Laurent. No podía creer que aquí estaba Laurent con Swami en una entrevista privada en su primer *darshan*. ¡Qué afortunado! Fue muy fácil para él. Yo, en cambio, tuve que pasar tanta dificultad y duras pruebas durante los primeros años. Sin duda alguna, todo es *karma*.

Cuando salimos del cuartito privado, me senté al lado de la ventana. Swami me pidió que le pasara la cesta con los paquetes de *vibhuti*. No sé porqué, agarré un montón de paquetitos y los puse en mi chal. Baba me mira y me dice "Ponlos de nuevo en la canasta." Yo le imploré: "Baba, estas son para los miembros de mi familia." Los puse, le pasé la cesta y procedió a distribuir estos paquetes a todos los que estaban allí. Cuando llegó a mi me dio un montón equivalente a los que yo había agarrado. Los conté y había justo uno para cada miembro de mi familia. Baba me pasó la cesta de nuevo para que yo la pusiera en la repisa de la ventana. En ese mismo momento, un rayo de luz iluminó mi mente: "¡Dios mío! Hoy es el 31 en la India, pero es el 30 en el oeste. Yo nací en el oeste, y hoy es mi verdadero cumpleaños." Swami nunca comete un error; es tan preciso, tan detallado, tan puntual, él es la perfección pura. Una vez más, al salir de la entrevista, yo estoy en las nubes. Estoy feliz por nuestro pequeño grupo. Swami hizo que este viaje fuese estupendo.

Swami es mágico para mí y me sentí que me había dado un regalo maravilloso. Es mi padre y mi madre. Vierte tanto amor sobre todos nosotros. Es por eso que pienso en él todos los días de mi vida. Visualizo a millones de corazones que emanan de mi corazón hasta que llegan a su corazón. Nunca he conocido a ningún otro ser en esta tierra tan magnífico, tan extraordinario, tan amoroso como Sathya Sai Baba. Estamos bendecidos de tener la oportunidad de estar con Sai en este *samsara*.

Probar, probar, probar mi fe

Durante tres años mi médico me aconsejó someterme a un procedimiento simple (laparoscopia) para remover un quiste ovárico. Temía esa intervención médica, esperaba sanar al natural. Finalmente el 27 de julio del 2000, enfrenté la situación y me dije a mí misma: "Hazlo ya." Cuando me ponían la máscara de anestesia en la cara, sentí pánico y empecé a llamar a Baba "¡Oh Dios! ¿Qué sucede si no vuelvo a despertar?"

Al abrir los ojos esa noche, Mauricio y mi hematólogo estaban a mi lado y me dieron las malas y las buenas noticias. Una era mala, porque la simple laparoscopia se había convertido en cirugía abdominal, y la otra era buena, porque los quistes eran benignos. La cirugía abdominal es extremadamente dolorosa; a cada ratito necesitaba ponerme morfina. Durante un par de días no pude comer; la mayor parte del tiempo estaba sedada. Al tercer día al despertar, vi a nueve seres, vestidos de blanco con una enorme *mala* alrededor de la cintura. Salieron de la cabecera de mi cama, caminaron lentamente y entraron dentro de la pared. Me dije: "Ahora estoy fuera de peligro." Entonces decidí empezar a caminar, a pesar de que todavía tenía tubos de intravenosa. En el mismo piso había muchísimos recién nacidos, un verdadero milagro de la vida. Iba a visitarlos dos veces al día. Algunas madres con cesárea tenían dolor y yo les decía: "Tienen que caminar, el cuerpo necesita movimiento." Es más fácil decirlo que hacerlo. Yo misma cuando regresé a casa, me levantaba con mucha dificultad cada hora a caminar alrededor de la sala de meditación, pero el dolor era persistente. No quería tomar analgésicos; quería sanar con la mínima intervención química.

Líderes espirituales en la Conferencia del Milenio de las Naciones Unidas

Yo estaba luchando por recuperarme. Por suerte tengo casi todos los libros escritos sobre Sathya Sai Baba e innumerables grabaciones de *bhajan*s. Se trata de mi equipo de supervivencia.

Yogi Shanti vino a visitarnos la última semana de agosto. Él se había caído de las escaleras de una casa en Chicago y se había fracturado el brazo derecho. Aquí estaba Mauricio cuidándome a mí y ahora tenía que ayudar a Yogi Shanti. Lo hizo con tanta paciencia y comprensión.

Yogi venía para asistir a la Conferencia del milenio sobre la paz que reunió a líderes religiosos y espirituales en las Naciones Unidas. Él nos invitó para asistir a este evento. Yo me disculpé pero animamos a Mauricio para que asistiera, pues era un acontecimiento de suma importancia. Muchos líderes espirituales de diferentes partes del mundo habían llegado a Nueva York para participar en este evento.

¿Podría Sai Baba visitar la ONU?

De hecho, unos años antes yo tuve un sueño:

Veía a los devotos de Swami, vestidos de blanco, reunidos alrededor de la fuente en la entrada principal del edificio de la ONU. Los dignatarios llegaban por un lado. Sai Baba daba su bendición tirando gotas de agua sobre nuestras cabezas. Yo caminaba a su lado y llevaba un balde pequeño con agua bendita. Cuando me quedaba sin agua, le pedía a otra devota que la repusiera.

Siempre hemos pensado que si Baba pudiese presentarse ante la Asamblea General podría transformar los corazones y las mentes de los líderes políticos, quienes están tan necesitados de entendimiento espiritual. Así podrían traer paz y prosperidad a todos los pueblos del mundo.

Antes de esta Conferencia, el único líder espiritual invitado oficialmente frente este organismo mundial fue el Papa. Vino como representante del Estado del Vaticano. Tal vez, pensamos, este evento podría servir de precedente para una visita de Sathya Sai Baba.

Cumpleaños en el Waldorf Astoria

El segundo día de la Conferencia coincidió con mi cumpleaños, el 30 de agosto. Yogi y Mauricio me convencieron para que yo asistiera.

¡Qué sorpresa! La sala de conferencia en el Waldorf Astoria estaba llena de líderes espirituales. En el almuerzo, me asignaron a una mesa con nueve *sadhus* de la India, por supuesto, todos vestidos de anaranjado. Todos eran eruditos en sánscrito. Sentí que esto era un regalo directo de Baba para mí. Era interesante ver en el salón la diversidad cultural, étnica y de creencias religiosas, luciendo sus trajes tradicionales. Entre ellos habían 108 *sadhus* procedentes de la India, y hasta unos indios Quechua de Perú. Asistió el Presidente de la Universidad de la Paz en Costa Rica y muchas otras personas de alto rango.

¡Adivinen que! Ted Turner, fundador de CNN, estaba allí como orador principal; él también cubría los gastos de esta Conferencia. Usualmente, yo lo veía en grandes eventos en éste mismo Salón del Waldorf u otros hoteles para eventos de radiodifusión, y me reconoció. Hace 25 años, cuando él había llegado de Cuba, había dado un discurso bastante controversial. Despúes del almuerzo, se acercó a mí y me preguntó si yo era cubana; le dije que no, que había nacido en Honduras. Inmediatamente él sonrió y me dijo que le encantaba hacer vela en Roatán. Se trata de una hermosa isla en la costa norte de Honduras. De acuerdo con la revista de navegación este es uno de los tres lugares más bellos y más seguros en el mundo para bucear. Compartimos nuestro amor por Roatán y el negocio de la televisión. Tuve la oportunidad de discutir un rato con Ted sobre la conferencia del milenio y me dijo que él odia la pobreza. Enfatizó que todos tenemos que trabajar duro para erradicar el hambre y la pobreza en este mundo.

La Conferencia duró toda la semana. Los temas eran muy interesantes. Yo escogí asistir a algunos de los más controversiales, tal como, 'hindúes y musulmanes'. En esta sesión en particular un líder musulmán tomó el podio y comenzó su discurso diciendo que ellos son la gente más pacifica del planeta. Un joven *sadhu* hindú tomó un micrófono en la audiencia y se lanzó al ataque verbal. Tuve que intervenir regañando al *sadhu* hindú. Incluso tuvieron que llamar a la seguridad del hotel. ¡Dios Mío! ¿Por qué no aprendemos sólo a amar y a entendernos los unos a los otros en la tierra? "Si los líderes religiosos se comportan así," les recalcaba, "¿qué podemos esperar de las masas?"

Esa misma noche estábamos invitados a cenar por la delegación Hindú a un templo en New Jersey. El lugar estaba festivamente decorado. Dieron algunos discursos, y, a continuación una suntuosa cena. ¡Qué cumpleaños especial tuve! Estaba segura que esto era un regalo de Swami. Los integrantes en esta conferencia éramos personas que realmente buscamos y trabajamos por la paz del mundo.

El lobby del Waldorf Astoria era un espectáculo. Habían *sadhus* sentados en el suelo, otros acostados en los sofás, algunos repetían mantras, así como lo hacen en los templos de la India.

Mientras tanto, nuestro querido amigo Yogi Shanti estaba gozando muchísimo, era el momento culminante de su vida poder participar en esta conferencia tan importante. ¡Imagínense! Él tenía su brazo enyesado en la posición que se adopta cuando se da la bendición. Había un grupo de hermosas jóvenes de la Academia de Endeavor, dedicada al Curso de milagros. Ellas se sentaban alrededor de Yogi y le daban masaje en la espalda, las piernas, los brazos. Ellas lo mimaban y él las bendecía contándoles historias muy interesantes del Ramayana.

Al final de la Conferencia, Yogi invitó a varios líderes espirituales de diferentes religiones a reunirse en nuestra sala de meditación. Me sorprendí. Nunca me hubiese imaginado que personas tan especiales como esas considerarían nuestra casa un santuario.

Luego, Yogi invitó a las jóvenes de la Academia de Endeavor a dar una presentación sobre el Curso de los milagros, pero yo vi que no estaban preparadas. Entraron en nuestra oficina para hacer llamadas de larga distancia, incluso a la India. Estando en nuestra sala de meditación se burlaron de mi altar con la imagen de Sai Baba e insistieron dar su presentación en otro cuarto, de acuerdo con ellas 'más neutral'. Esa conducta fue un verdadero insulto a nuestra hospitalidad. Después de esa experiencia oré y le pedí a Baba hiciera el favor de enviar únicamente personas sanas a visitarnos, y no a intrusos o robadores de energía.

Nuestra asistencia a la Conferencia tuvo un efecto curativo en mí. Empecé a caminar normalmente y recuperar la fuerza después de mi cirugía. La presencia de Yogi Shanti era un alivio cómico. Tenía un gran sentido del humor. Al mismo tiempo, su presencia siempre creaba una atmosfera como la de un *ashram*.

Mala publicidad sobre Sathya Sai

Un día al regresar del trabajo, encontré a Mauricio realmente triste. Un devoto de Sai lo había llamado para decirle que fuera al barrio hindú a comprar la revista *Hoy en India*. Este ejemplar tenía un artículo muy positivo sobre Swami con su foto en la portada en celebración de su cumpleaños de 75 años, pero también contenía otro con acusaciones devastadoras. Cuando terminé de leer el artículo le dije a Mauricio: "Esto es una enorme calumnia, Swami es nuestro amigo y sabemos quién es y lo que él representa. A lo largo de los años, lo hemos visto sólo dar, dar y dar, sin parar, a todas las personas que buscan sanación y enseñanzas místicas. He visto como alimenta a los pobres, uno por uno, y les habla con tanta dulzura. Nosotros mismos hemos recibido su amor y su generosidad. Es imposible creer una sola palabra de este artículo. Los *Rakshasas* quieren desacreditar a nuestro Santo Maestro. ¿Cómo puede haber gente tan enferma y mala?" Muy pronto supimos que algunos de los devotos quienes parecían ser de lo más ferviente desertaban como moscas. ¡Yo no, ni Mauricio tampoco! Me dije: "Todo el mundo puede estar contra Swami, pero yo no. Yo sé quién y cómo es él. He visto la sanación de mucha gente, incluso a larga distancia. Él ha colmado nuestras vidas con *Leelas*. Estamos profundamente agradecidos con Swami."

Habíamos conocido a algunas de las personas que ahora lo acusaban, e intuitivamente, nos habíamos mantenido lejos de ellos. Uno de los malhechores vino de Suecia, y dio una charla en Nueva York. Yo lo escuché pero tan pronto terminó, me fui, pese a que relataba las experiencias interesantes de su servicio a la comunidad y del éxito que tenía en su país, especialmente guiando a los delincuentes en las cárceles. Claro, no tenía más que elogios hacia Swami, pero había algo en él, quizás la forma en que desplegaba su ego, que a mí no me gustó. No sentí ninguna inclinación ni siquiera para saludarlo. Ahora, años más tarde, me di cuenta que mi intuición no me había engañado. Otro malhechor era un pianista y compositor inglés. Recibimos una llamada pidiéndonos que lo alojáramos durante su gira de conciertos por Nueva York. Debido al amor que Mauricio le tiene a la música, él sí se inclinaba a recibirlo, pero mi intuición me decía: "¿Si es un músico tan famoso por qué no lo alojan sus admiradores?" Entré al cuarto de meditación y le pedí a Baba que nos ayudara a hacer una decisión correcta, no quería ser egoísta. Le pedí que por favor trajera a nuestro

hogar solamente aquellos quienes él piensa que
deberíamos recibir. Al día siguiente nos
informaron que otras personas habían ofrecido
hospedarlo. ¡Qué alivio! Swami, dice que es muy
importante estar en compañía de gente buena.
Cuando supe que este personaje también había
difamado a Swami, una vez más, me di cuenta que
mi intuición había sido certera.

Novatas llegan al Ashram

Después de haber sido intervenida
quirúrgicamente en el año 2000 con éxito, y de
vivir la increíble experiencia que fue mi
recuperación, se volvió mi prioridad ir
agradecerle y rendirle mi respeto a Swami.

Mi amiga francesa, Claudine vino con nosotros.
Ella había tenido un accidente grave años antes y
lleva una pieza de metal en su pierna. Yo estaba
casi segura que en el ashram iba a sentarse en una
silla con los enfermos, pero decidió sentarse en el
suelo de mármol como el resto de nosotros. La
llevé al Dr. Rao para masajes *ayurvédicos*. Fue
admirable como Claudine se adaptó a la rutina del
ashram. El primer día que se puso un *sari,* se lo
puso al revés. Cuando caminabamos a *darshan,*
todas las hindúes se reían de ella. Al ser una

diseñadora francesa de la alta costura, le encantaban los colores y diseños en la gran variedad de *saris* de seda. Aprendió el arte de envolver ocho yardas de tela alrededor de su cuerpo. Por supuesto que llevaba sandalias 'Christian Dior', no como el resto de nosotras que compramos sandalias sencillas.

Había invitado también a mi amiga argentina, Raquel, quien trabaja en una línea aérea americana. Yo quería que ella tuviera la experiencia del *darshan* de Swami, pero su horario no le permitía una larga estadía. Un día yo llamé a las cuatro de la mañana. Quería decirle que no valía la pena ir a la India por tan pocos días puesto que es muy lejos, pero no la localicé. Ese día, Claudine y yo fuimos al Dr. Rao para nuestro masaje *ayurvédico*. Al ir a la recepción vi a Raquel, con sus gafas de sol esperándonos. De alguna manera, se las arregló para volar desde San Francisco, Nueva York, París, Bombay, Bangalore y, a continuación, tomar un taxi a Puttaparti. Nos fuimos a conseguir un alojamiento para que lo compartieran Claudine y Raquel.

Raquel, a pesar de haber viajado por varios países, en Puttaparthi estaba en choque cultural. En Darshan, como todos sabemos, el sentido de espacio personal al que los occidentales estamos acostumbrados es grande en comparación con los hindúes. Raquel se molestaba muchísimo cuando algunas señoras hindúes se acomodaban colocando sus codos sobre su espalda. No tengo idea por qué le hacían eso a Raquel, nunca me pasó a mí.

Experiencia devastadora para los neoyorquinos

En mi trabajo estábamos en una reunión de ventas a las ocho de la mañana. Uno de los presidentes estaba hablando y de pronto se dio cuenta de que necesitaba ir a su oficina para buscar un archivo. A su regreso, nos informó que un avión se estrelló justo en el World Trade Center. Le pregunté: "¿Estas bromeando?" Respondió: "No." Me levanté, fui a mi oficina y encendí la televisión; algunos colegas me siguieron. Vimos el daño causado. Inmediatamente dije: "¡Esto es un enorme acto de terrorismo!" Mis compañeros de trabajo dijeron: "Vamos, Rosa, estás loca." Empecé a orar imaginándome la experiencia traumática de las personas dentro de ese edificio. De repente, vemos que un segundo avión va a chocar con la otra torre. Empecé a recordar a la gente que trabajaba en el World Trade Center que yo conocía. Aun así, mis colegas pensaban que se trataba de un error en la torre de control. Seguí diciéndoles, "¿Creen que los pilotos son ciegos?" Era un día despejado en septiembre. Yo si estaba convencida de que Nueva York había sido atacada por terroristas.

De pronto ocurre el tercer accidente aéreo en Pittsburgh, con la incertidumbre de posibles ataques a la Casa Blanca y a las Naciones Unidas. Llamé a Mauricio. Nosotros vivimos en Tudor City, en frente de las Naciones Unidas. El encendió la televisión, vio lo ocurrido y la apagó. Terminó su meditación de esa mañana. Pero por supuesto, era inevitable que todos nosotros estaríamos hipnotizados por la cobertura televisada en vivo de este acontecimiento apocalíptico.

El mundo entero entiende la profunda herida causada por este vil acto terrorista a los Estados Unidos y al planeta entero. La vida cambió después del 11 de septiembre. Nuestros parientes y amigos, y hasta los niños, nos llamaban, de Francia, de Honduras, de diferentes países. Personas con las que no estábamos en contacto desde varios años querían tener noticias nuestras. Ofrecimos ser voluntarios de *seva*, asistimos a actos religiosos; mucha gente estaba frenética y paranoica. Como si no fuese suficiente, llegó el susto de ántrax. En un edificio de nuestra vecindad, hombres vestidos como astronautas respondieron a una llamada de ántrax, sólo para darse cuenta que alguien yendo a la lavandería derramó un poco de detergente.

Dos días después del evento de las Torres, Raquel, Mauricio y yo fuimos a Central Park buscando alivio. Era un lindo día. Contemplamos la naturaleza caminando por los recovecos del parque. En la fuente por la calle 72 había un grupo de músicos tocando jazz. Era un sonido tan melancólico, estaban tocando desde el fondo de sus corazones; era obvio que era un elogio a las víctimas. Pero la vida continua, los padres paseando con sus niños, que se divertían andando en bicicleta, corriendo, jugando con barquitos en la cuenca y deleitándose con bocadillos. ¡Sí! La vida es bella, el ser humano es valiosísimo y Nueva York es una ciudad estupenda. Me adoptó; me encanta y rezo por su seguridad. En Nueva York, se hablan 150 idiomas cada día; personas de múltiple origen étnico, de todas las religiones, convivimos en paz y armonía. ¿Cómo es posible desear destruir Nueva York? Yo estaba indignada ante tal malicia. Al final del día, ya familiarizada con el olor de la cremación, reconocí este olor incluso en la zona alta de Manhattan. Repetí el

Gayatri Mantra sin parar. Elevé mis oraciones por aquellas almas que fueron totalmente sorprendidas, sin darles tiempo de clamar a Dios antes de partir del planeta.

Pocos días después de la tragedia, Yogi Shanti llegó y nos convenció que fuéramos al lugar de la tragedia para meditar por las almas de quienes habían perecido. En cuanto vi la devastación, sentí un dolor profundo en mi corazón; un nudo en la garganta no me permitía pronunciar una sola palabra. No podía dejar de sollozar. Estaba incrédula de que los seres humanos pudieran causar tanto daño los unos a los otros. La presencia de Yogi Shanti fue una bendición; regresamos a casa hacer nuestro propio ritual para las víctimas del 11 de septiembre.

Como habíamos regresado de *Prasanthi* apenas una semana antes de esta horrible tragedia, estaba relativamente tranquila en comparación a otros neuyorquinos. Mantengo en mi equipo de supervivencia las enseñanzas de Swami, siempre recordando:

"¿Por qué temer cuando estoy aquí."

Pero la realidad para la mayoría de los neoyorquinos era diferente. Se podía ver el miedo en sus caras, pero también esta tragedia sacó lo mejor de las personas; mucha generosidad, muchas oraciones, abrían sus corazones. Si dos personas iniciaban un diálogo en el autobús, de repente otros ocho se unían a la conversación.

Sin embargo, la policía de Nueva York trabajaba sin interrupción las veinticuatro horas del día. Las sirenas de las ambulancias, de los policías y de los bomberos no paraban de sonar día y noche. Nuestra vecindad entera estaba cerrada, debido a las Naciones Unidas. Estaba protegida por tractores y cientos de coches de policía, helicópteros revoloteaban. Los transeúntes teníamos que mostrar nuestra tarjeta de identidad en cada esquina. La bulla constante no nos permitía dormir. Mauricio se deprimió y perdió 20 libras.

Ya en noviembre para el día de gracias teníamos los nervios de punta. Decidimos escaparnos a Honduras, a las Ruinas de Copán, un sitio arqueológico Maya. Por lo menos sabíamos de un lugar que es tranquilo. Por primera vez en meses pudimos dormir una noche completa. Las Ruinas de Copán son un claro ejemplo de que los Maya tenían gran sabiduría espiritual. La topografía y el clima de ese lugar, y por supuesto la magia de las esculturas, lo hacen un refugio contemplativo ideal. También visitamos a familiares y amigos en Tegucigalpa. Después de una corta estancia nos recuperamos y volvimos a Nueva York. Todavía prevalecía el ambiente de guerra entorno de las Naciones Unidas.

Alojando el grupo Sai de Naciones Unidas

Durante este tiempo caótico, aumentaron el nivel de seguridad en las Naciones Unidas y no permitían que grupos se reunieran en el edificio.

Una vez más, le ofrecimos al grupo Sai de las Naciones Unidas reunirse para *satsang* todos los viernes en nuestro apartamento. Baba nos estaba enviando a este grupo por segunda vez. *Satsang* nos eleva el espíritu y en tiempo de crisis es una bendición.

Experiencias inesperadas en 2002

Habíamos decidido ir un año a ver a Swami y otro año ver a mi madre. Cada vez le daba la opción a mi madre y le preguntaba: "¿Vengo a verte a ti o voy a ver a Sai Baba?" A veces ella me decía: "Vayan a ver a Baba, que les hace mucho bien a ambos." La Navidad del 2001, después de haber pasado por la experiencia terrible en NY, decidimos ir a *Prasanthi*. La Navidad es una época especial para los occidentales y Baba nos honra con su atención a las presentaciones.

La semana Santa del año siguiente, le dije a mi mamá que sentía mucho deseo de ir a visitarla. Inmediatamente, me dijo: "¡Sí vengan!" Llegamos y mi mamá estaba postrada en cama con artritis reumatoide. En una entrevista le había consultado a Swami acerca de mi preocupación por ella en su vejez. Me dijo que ella tendría sus facultades mentales hasta el último día de su vida, y así fue.

Su mente era como una computadora. Se sabía los teléfonos de todos sus parientes, conocidos, de oficinas, en fin. Era la consejera de valores humanos para sus hijos y nietos. Era una mujer muy carismática. Todos los días llegaba gente a visitarla, y ella siempre estaba pendiente de ofrecerles alimentos a todos.

Durante los cinco primeros días de la visita, Nila, mi madre, me tenía mucha confianza y abarcamos varios temas. Sonia, mi prima vino una noche a visitarnos. Ella tiene un sentido del humor bastante cáustico con un sesgo político. Mi madre, quien estaba al tanto de las noticias no solo nacionales sino que también internacionales se divertía muchísimo con las ocurrencias nuestras. Nos reímos muchísimo.

Mauricio platicaba con mi madre y discutían temas religiosos. Como ella era muy escéptica frente a nuestro maestro espiritual de la India, le leía la Biblia y *Un curso de milagros* en español. Disfrutaba estas sesiones, que complementaban el mensaje de su círculo de amigos evangelistas. Ese día en particular ella notó que tenía la presión arterial baja, pero no permitió que llamáramos al médico. No me alarmé, porque ella era propensa a la presión arterial alta. Mi cuñada quien es médico también le tomó la presión y tampoco se alarmó.

Esa noche conversamos. Yo traía un nuevo juego de ropa de cama y le propuse redecorar su dormitorio. Se negó diciéndome: "Estás de vacaciones por unos días y no descansas, vienes a limpiar mis armarios y ocuparte de otras cosas de la casa".

A la mañana siguiente, salí a caminar. La trabajadora lloraba cuando salió a llamarme. Inmediatamente me di cuenta que algo grave le había ocurrido a mi mamá, pero nunca imaginé cuan grave. Cuando llegué a su dormitorio, mi padrastro, Jorge, mi hermano, su esposa, y las trabajadoras estaban en la habitación. Había fallecido mi madre. Puse *vibhuti* en su cuerpo ahora sin vida. Marlene, su amiga Evangelista, llegó unos minutos más tarde. Ella es enfermera y muy generosa. Ayuda a los pobres, a los niños con cáncer, a los niños sin padres entre otros. Marlene procedió a vestir el cuerpo para los ritos funerarios.

Mi padrastro y hermanos fueron a hacer arreglos en una funeraria. Fui a la floristería y compré todas las flores para adornar la iglesia. El velorio tendría lugar en la Iglesia Evangelista a la que ella pertenecía. En Honduras, se acostumbra a servir comida a los amigos y la familia que nos acompañan. Mi cuñada y yo fuimos al supermercado a comprar alimentos. Reclutamos a las trabajadoras de las tres casas para ayudarnos con la cocina.

Decidí prolongar mi estadía por otros cinco días con el fin de arreglar asuntos prácticos. Recogí las pertenencias de la difunta. Hice una lista de familiares y amigos y les asigné algo especial para cada uno de ellos. Sólo guardé un chal para mí. En momentos críticos, tengo bastante resistencia. Soy una persona práctica, pero llamaba constantemente a Dios que me ayudara a pasar por estos días tan difíciles. Llorar y sentirse desamparado no ayuda a los que nos rodean.

Tarjeta de visita de Baba me da gran consuelo

La pérdida más grande que podemos tener es perder su madre. Ese amor incondicional ha desaparecido para siempre. Han pasado muchos años y aún añoro a mi madre. Encontré fuerza reanudando mis responsabilidades de trabajo. No obstante, andaba con un nudo en la garganta a mi regreso a Nueva York. A las tres semanas mi amiga Simi llamó pidiéndome que la acompañara a comprar joyas para la próxima boda de su hija. Le dije: "Simi, hoy está muy lluvioso; yo no soy la persona despreocupada de antes. Aún estoy sintiendo la perdida repentina de mi madre." Simi insistió que la acompañara porque llevaba mucho dinero en efectivo. Me convenció y accedí a pasar el día con ella.

Ese día, la presencia de mi madre era intensa. Recordaba todo lo que ella mas disfrutaba en vida. Amaba las flores, el teatro, la música, la filosofía, la religión, los colores lila y aqua. Amaba la naturaleza y los animales, pero sobre todo amaba a sus hijos. Ella mantenía comunicación constante con todos nosotros. Ella siempre me aconsejaba ser más prudente, pero admiraba que no miento. Soy recta como una flecha. Hasta cierto punto, yo actuaba como si yo fuese su madre. Le compraba ropa, cosméticos y medicamentos; disfrutaba comprándole regalitos. Cada vez que compraba algo para mí, también compraba algo para ella.

Ese sábado lluvioso me pareció largo y tedioso. Simi tomó horas para elegir la joyería. Yo sólo quería regresar a mi sala de meditación. Pero la salida iba a prolongarse visitando a sus suegros, quienes nos invitaron a cenar. Seguía lloviendo a cántaros.

La Veena toca por sí sola

¿Qué día tan largo. Al fin a la once de la noche llegué a casa. Mauricio ya estaba durmiendo. Subiendo la escalera sentí algo inexplicable. Encendí las luces, escuché un sonido, y me di cuenta que la *Veena*, en la esquina de la sala, está tocando por sí sola. "¿Acaso me estoy enloqueciendo, escuchando sonidos donde no hay ninguna grabadora ni radio?" Salí al vestíbulo y todavía escuchaba la música. Recordé que cuando Sai Baba nació, una *tamboura* tocó por sí sola. Regresé a la sala y vi que las cuerdas de la *Veena* se movían, produciendo el sonido melodioso. Inmediatamente me senté frente a la imagen de Swami. ¡He allí! *Vibhuthi* se materializa por toda la imagen de Sai Baba. Me quedé estupefacta; Baba me está bendiciendo con una tarjeta de visita. No podía conciliar el sueño hasta la madrugada.

El domingo por la mañana desperté a Mauricio para compartir mi alegría, y pedirle que nos sentáramos a meditar juntos, contemplando esta maravilla. Después, mientras el se recuesta en el sofá tatareando unos *Bhajans*, de repente vemos que un cuadro de Baba que él había colocado en una esquina de la sala estaba cubriéndose de *vibhuti* también.

Ese día permanecimos tranquilos, no hablamos con nadie. Ya habíamos visto en casa de mis amigas que cuando estos fenómenos suceden muchísima gente quiere visitar y pierden su privacidad. Todavía me sentía frágil y cansada, estaba de luto. Después de esta experiencia ya no sentía el nudo en la garganta, sentía el corazón más liviano, estaba convencida que mi madre descansa en paz en el mundo de los espíritus. Sólo puedo estar feliz por ella y agradecida por haberme traído a este mundo. Baba había curado mi tristeza.

Nadie sabía sobre esta tarjeta de visita de Swami. Yo tenía pensado llamar a algunos amigos cercanos que vinieran a un *bhajan* por esta ocasión, pero el lunes por la mañana Mauricio recibe una llamada de dos devotos de Connecticut, venían de paso a Nueva York para renovar sus visas para su próximo viaje a la India, y pedían venir a descansar en el cuarto de Baba. Ellos fueron las primeras personas en experimentar esta manifestación. Sólo Baba sabe quien trae y cuando. Considero que esta sala de meditación es su *mandir* en miniatura.

En realidad, en una entrevista tuve la audacia de preguntarle: "Swami, si alguna vez viene a Nueva York, ¿podría quedarse con nosotros?" Él se rió y respondió: "Ya estoy allí con ustedes, siempre estoy con ustedes." Yo tenía la fantasía de que si alguna vez llegaba Swami, los devotos podrían reunirse abajo y concedería entrevistas en el segundo piso en el cuarto de meditación.

El final de mi carrera / 2005

El 2005 fue un año pésimo para mí. En la primavera decidimos ir a París durante diez días para visitar a nuestros parientes; era una tregua del trabajo estresante que tenía. Cinco minutos antes de partir recibimos una llamada de la India para avisarnos que nuestro querido amigo Yogi Shanti decidió dejar su cuerpo durante el ritual de una *yagna*.

Yogi nos había enviado una tarjeta de invitación bellísima para asistir a ese evento, con el que culminaría su carrera espiritual. Yogi Shanti nos llamaba desde la India o de donde él se encontrara casi todos los días entre las 7 y las 8 de la mañana. A veces me era difícil saludarlo, puesto que yo debía salir corriendo al trabajo. El año anterior, habíamos conocido a Sai Ma, una *yogini*, en un retiro espiritual en Windham, Nueva York. Allí dos devotos de Sai son anfitriones de varios grupos de la nueva era. De alguna manera habíamos conectado a Sai Ma con Yogi Shanti, y él la invitó como huésped especial del *yagna*. De hecho, la última llamada que recibimos de Yogi desde Haridwar, la hizo mientras viajaba en un automóvil con Sai Ma.

La idea de que nunca más volvería ver a Yogi Shanti me agobió. Lloré durante todo el vuelo de Nueva York a París.

Cuando regresamos de París, Mauricio participó en un curso intensivo de una semana con Sai Ma y su grupo. Fue esa semana que perdí mi trabajo de casi 28 años de la manera más inesperada. La compañía se vendía y estaban recortando gastos. Nunca recibí la mínima advertencia; fue un gran choque emocional.

Porque soy una persona pragmática, con el apoyo de Mauricio, enfrenté la situación en términos legales, pero el estrés de las batallas legales nos agotó.

Ya en diciembre lo único que queríamos era ir a ver a Swami. En el pasado, en una entrevista yo le había dicho: "Baba, no quiero tener otros jefes; sólo quiero que tú seas mi jefe." El respondió: "Quédate allí, gana más dinero." Cada vez que me sentía frustrada en el trabajo, me acordaba de esos consejos de Swami. Esa empresa creció enormemente en los años que trabajé allí. La vendieron tres veces, y sobreviví varios cambios gerenciales. Fui capaz de realizar el sueño americano avanzando en mi carrera por mérito, pero ahora esta nueva administración era implacable. Para recuperar nuestra salud y ecuanimidad mental, nos fuimos a pasar el invierno en *Prasanthi Nilayam*.

El Lingam de Shivarathri

Pasar la noche de *Shivarathri* en el *ashram* es una experiencia impactante, pero especialmente cuando un *lingam* sale de la boca del Avatar. Todo el mundo quiere poder presenciar este fenómeno, aunque sea solo una vez en la vida, a pesar del comportamiento a veces indisciplinado de la multitud. Tuve el privilegio de ver, muy cerca, la creación de dos *lingams* de oro; uno Baba lo materializó con su mano; el otro lo expulsó de su boca, dejándolo rebotar dos veces sobre la mesa, y luego agarrándolo rápidamente con su mano. Se dice que después de haber presenciado la materialización de un *lingam* en *Shivarathri*, uno no necesita reencarnar nuevamente. Al menos, en esta vida, eso es un regalo milagroso.

Dios mora en la India

April Bailey, una devota de Sai muy talentosa, ha estado escribiendo canciones dedicadas a Swami durante muchos años. Audrey, su hermana, con una voz melodiosa es cantante profesional de jazz. Ellas formaron un coro para acompañar sus canciones; Mauricio y yo hemos sido parte del grupo desde su creación. Después de diez años de esfuerzo, se completó un CD titulado *Dios vive en la India*, y como grupo, aspirábamos poder cantarle esas canciones a Swami en *Prasanthi*.

Ese invierno, mientras estaba en el *ashram*, una vez por semana iba a la oficina del administrador con la misma pregunta: "¿cómo podemos lograr una invitación para cantar en *Gurú Purnima?*" Después de tanto insistir, cuando estábamos a punto de partir, él me aconsejó que nos pusiéramos en contacto con el coordinador en Argentina, Leonardo Gutter. Tan pronto como llegamos a Estados Unidos, les transmití esa información a las hermanas Bailey.

Seguimos ensayando, hasta que un día llegó la tan esperada noticia, confirmándonos la invitación; así en Julio volvimos a la India a través de Kuala Lumpur en Malasia.

El día de la presentación pensé: "¡Dios mío! No puedo creer que después de tantos años de esfuerzo, estamos aquí, cantando frente a Sai Baba." Mis dos compañeras del coro de la sección de altos no pudieron asistir, y yo me encontré sola delante de un micrófono justo al frente de Baba. Siempre me he dicho: "Solo Baba puede hacer que una rana cante." Hay un DVD de *Dios vive en la India* como un documento de este maravilloso evento de 2006. Me quedé sorprendida de la confianza en mí misma que sentí delante del Avatar. Siendo estas canciones con letra en inglés y estilo musical occidental de 'gospel' y jazz, no sabíamos cómo reaccionaría el público hindú. ¡Fue increíble! Cuando terminamos, las hindúes venían a abrazarnos con lágrimas en los ojos. Les encantó nuestra presentación porque sentían que lo hacíamos de todo corazón y con mucha devoción, sinceridad y respeto, una *Leela* de Baba.

Ati Rudra Maha Yagna

Una vez concluida la presentación, Mauricio y yo estábamos listos para regresar a Nueva York a principios de agosto. De repente, empecé a oír que un evento extraordinario se llevaría a cabo dedicado al dios *Shiva* que no se había realizado en varios siglos. Su propósito era en beneficio de la humanidad, para la salud espiritual de todo el mundo. No pudimos encontrar más información sobre el evento, solo rumores, pero dos devotas de muchos años me dijeron enfáticamente que era imperativo que me quedara puesto que esta oportunidad se da solo una vez en la vida. Intentamos cambiar nuestros boletos, pero la aerolínea no pudo hacer ningún cambio. Fuimos a Bangalore a descansar en el Hotel Lila, y yo llamaba incesantemente a la agencia de viajes pero siempre obtenía una respuesta negativa. El avión salía a las nueve de la noche. A las 5 de la tarde sentí una atracción irresistible para volver a *Prasanth*i. Acompañé a Mauricio hasta el aeropuerto, pero no podía partir; tenía que asistir a este evento especial que tenía que ver con el Dios *Shiva*. Estaba desconsolada, ¿cómo podía yo en el último minuto dejar a Mauricio partir solo? Actuar así no está en mi carácter, pero la llamada de Baba era tan fuerte, simplemente tenía que regresar a Prasanthi, ¡y así lo hice!

No me perdí ni un minuto de los doce días de los rituales del *Athi Rudra Maha Yagna*. A las 3 de la mañana estaba lista para empaparme de esta increíble energía creada por los cantos védicos recitados por 132 sacerdotes sincronizando rituales en once fogatas *homas*. ¡Era algo espectacular, el canto de los sacerdotes me hipnotizaba, ya ni siquiera sentía mi cuerpo, fue una experiencia maravillosa! El amor de Swami me hizo regresar e impregnarme de esa aura de paz. Mi inesperada asistencia a este extraordinario evento es otra de los *leelas* de Swami en mi vida. Le doy las gracias.

Buscando un pedazo de paraíso 2007

Mauricio ama el mar, yo también pero él hace deportes náuticos. Por lo tanto, nos fuimos a Costa Rica para un seminario de diez días para los jubilados. Luego fuimos a Honduras, alquilamos una camioneta cuatro por cuatro y exploramos cada rincón del país.

Estábamos buscando un lugar de retiro, de preferencia cerca al mar. También fuimos a las montañas, los valles y el área de los antiguos mayas.

A nuestro regreso a Nueva York mi cuñada nos llamó para decirnos que había visitado el complejo Palma Real, en la costa norte de Honduras, donde ella pensó que podría ser el lugar ideal para nosotros. Se trata de un circuito cerrado, con un hotel, y construcción de villas particulares. Con el primer vistazo en el internet decidimos comprar una villa, con mar y montaña, justo en frente de Cayos Cochinos, islitas de reserva natural, donde se filma *Sobreviviente* de Italia y España. Una vez hecha la compra fuimos a pasar el invierno. Ahora tendríamos un lugar dónde escapar del frío, un imperativo médico para mi condición de anemia hemolítica, que se agrava al estar expuesta al clima frío.

MILAGRO

Encuentro con la muerte

Al despertar, creía que estaba en una cápsula espacial. ¿Por qué? ¿Acaso había regresado de otros planetas? ¿O estuve en Irak en la explosión de una bomba, y me golpeó la cabeza? ¿Qué ha pasado? Un cirujano y su equipo serrucharon mi cráneo, lo que aparentemente salvó mi vida. Yo estaba flotando en el espacio. ¡Qué bien! Acababa de volver desde un lugar muy tranquilo donde una luz muy atractiva estaba guiándome. Pronto me di cuenta que algo grave había ocurrido con el cuerpo físico y dije: "Quiero irme, aquí hay tanta calma. No quiero vivir con un cuerpo decrépito en un mundo caótico." Pero de repente, me vistieron con un hermoso vestido largo, beige con rosado y empecé a dar vueltas como un trompo o una bailarina de ballet. La luz y un fuerte viento me empujaron de nuevo a este mundo. En ese momento me di cuenta de que mi *karma* no se había terminado. Ese fue mi encuentro mini-místico con la muerte.

¡Qué acertijo! (Hematología)

Déjenme decirles lo que me pasó a mí. En el año 2000 me diagnosticaron con anemia hemolítica. Mi hemoglobina estaba en 7.5; el rango normal es de 12. Pregunté: ¿Cuál es la causa de este tipo de anemia? El hematólogo me dijo que es una herencia genética de la realeza europea. Me reí y dije: "Que chiste, me dejaron la mala sangre azul, pero no el castillo." Me recetaron vitaminas de hierro. Como soy fanática de todo lo relacionado con la salud también comía variedad de alimentos conteniendo hierro. Pero en el 2008, otro hematólogo encontró que además de la anemia, había desarrollado demasiado hierro en la sangre, una condición más grave, que puede afectar otros órganos del cuerpo. ¡Qué contradicción: muy poco hierro, demasiado hierro! ¡El tratamiento propuesto para el exceso de hierro era de extraer un litro de sangre semanalmente (flebotomías) durante un año o más! El problema es que este proceso agravaría la anemia. Para tratar la anemia, me propusieron una forma de tratamiento experimental que requiere hospitalización. Estaba renuente y temerosa a someterme. ¿Qué podía hacer?

Swami da padnamaskar a mi corazón

Decidí que en primer lugar iría a ver a Sathya Sai Baba, mi gurú. Llegar a *Prasanthi Nilayam* me es como llegar a mi casa. El punto culminante del viaje fue en *Darshan*. Yo estaba en primera fila. Vi que Sai Baba se acercaba con su silla de ruedas, pero él venía directamente a mí, muy rápido, y tuve miedo. Parecía que iba atropellarme. El *shakti* que sentí era tan fuerte que lo único que pude hacer fue alzar mi voz diciendo: "¡Baba, Baba, Babaaaa!" De pronto, ambos comenzamos a reírnos como niños. Lo sorprendente es que lo vi muy joven, como esta en la imagen ante la cual yo he meditado durante treinta años. Mi corazón estaba latiendo tan rápido que sentía como si había saltado de mi pecho, rebotando dos o tres veces en el piso de mármol, con un salto final a los pies de Swami.

Sentí que me había dado *Padnamaskar*, aunque fuese en forma tan dramática. Sólo Swami sabe cuándo y cómo nos bendice. Cuando *Darshan* terminó, algunas de las damas hindúes que habían presenciado este episodio llegaron a abrazarme, después de haber visto esa intensa interacción entre Baba y una devota.

Volver al occidente

A lo largo de esta aventura médica, Mauricio es la persona clave en búsqueda de tratamientos adecuados. Llegamos a Nueva York en Halloween. Me sometí a los cuatro tratamientos hematológicos durante noviembre. Porque mi tipo de anemia se agrava por el frío, mis médicos me aconsejaron de evitar los inviernos de Nueva York. Así que en diciembre nos fuimos a nuestra tajadita del paraíso en la costa norte de Honduras. Mientras estaba en Nueva York, sin embargo, yo me quejaba a los médicos de un dolor insoportable en mi cuello y los hombros. Me dijeron que podía ser osteoartritis y recibí tratamiento para calmar el dolor, pero nadie pudo detectar que se trataba de una enfermedad neurológica apoderándose de mí. Además del dolor, día a día me debilitaba y estaba cada vez más desorientada y olvidadiza, lo que era extraño en alguien dinámica como yo, con tipo A de personalidad.

Diagnóstico de Honduras

Al volver a Honduras el verdadero drama comienza a desenvolverse, pero mi memoria está en blanco durante todo un mes. No recuerdo absolutamente nada, aún me pregunto: ¿Qué paso con mi memoria?

Además de los otros síntomas, fui perdiendo rápidamente la coordinación motriz. Comencé a caminar como un pingüino. Debido al dolor agudo en el cuello, consultamos a varios médicos, pero no fue hasta el primero de enero, cuando Mauricio me llevó a la emergencia del Hospital D'Antoni en La Ceiba, Honduras, que un joven internista, el Dr. Enry Melgar, inmediatamente identificó un problema neurológico y ordenó una resonancia magnética de urgencia. Dos horas más tarde, el resultado de la resonancia magnética mostró claramente un tumor cerebral del tamaño de un limón. Inmediatamente me internaron en el hospital en la unidad de cuidados intensivos y administraron anti-inflamatorios. El Dr. Fernando Sierra, el neurocirujano, estaba listo para realizar la cirugía dentro de cuatro días, una vez reducida la inflamación, pues mi condición era crítica. Un enemigo invisible había atacado mi cerebro y amenazaba mi vida.

La crucifixión: cirugía

El diagnóstico fue inequívoco. Dado que nuestro seguro médico sólo es válido en los Estados

Unidos, me trasladaron en ambulancia aérea a Miami. La cirugía tuvo lugar en el Jackson Memorial Hospital el 6 de enero de 2009. Estaba inconsciente; Baba me salvó la odisea de tener que tomar la decisión médica más crítica de mi vida. Sin esta operación, hubiese entrado en estado de coma. La intervención divina hizo posible una operación en el momento preciso. Estoy segura de que Baba coreografió todo esto.

Viva de nuevo

Cuando salí de cuidados intensivos después de la cirugía de cerebro, mi primera reacción fue: "¿Qué pasó? ¡Yo no autoricé que rajaran mi cabeza!" Yo estaba furiosa. Nunca hubiese permitido esta drástica intervención médica se llevase a cabo. Mauricio y los médicos en Honduras me habían explicado todo, pero mi mente no había captado nada, al contrario, me han dicho que tenía una conducta extrovertida, bromeaba con el personal médico, incluso invitándolos a ir a la India conmigo para aprender medicina *ayurvédica*.

Cuando al fin salgo de cuidados intensivos el 9 de enero, los médicos entraron en mi habitación; les expresé mi agradecimiento pero al mismo tiempo estaba muy enojada, diciéndoles: "¡Que chiste, me salvaron la vida pero ahora parezco un monstruo!" La inflamación había deformado mi cara y no podía concebir que regresara a la normalidad. Me sentía como una víctima de una zona de guerra.

Yo quería que protegieran mi cráneo con jade y oro igual que los cráneos mayas. Los mayas en Honduras hacían cirugía craneal desde hace siglos. Otro día, visualizo colocar la imagen de la diosa hindú de la sabiduría, *Saraswati*, donde había ocurrido mi cirugía. Al menos exploraba una lluvia de ideas, pero aún así, me preguntaba por qué la vida era tan injusta. ¡Apenas había comenzado a disfrutar de mi jubilación después de toda una vida de trabajo y esto sucede!

Mauricio compró varios textos médicos sobre el cerebro e hizo amplias búsquedas en el internet. Mientras tanto yo trataba de entender mejor la gravedad de esta intervención. Durante la madrugada trataba de leer estos textos y escribía mi lista de preguntas para la visita de los médicos a la siete de la mañana. Les decía: "Aquí esta su lista de lavandería". Él médico de cabecera sonreía: "sí, lo sé. Yo soy tu lavandero."

Recuperación

El proceso de recuperación fue muy doloroso. En estado de choque, apenas podía dormir. Cada tres horas me ponían inyecciones en el estómago, en los brazos y hasta pinchaban mis dedos para sacar muestras de sangre. Administraban medicinas fuertísimas. Aguantaba todo ese tormento porque lo que yo más quería era que mi cerebro volviera a la normalidad. Imagínense lo terrible que es recuperar la conciencia y darse cuenta de que uno no puede hablar, no puede caminar, sospechando que a lo mejor de ahora en adelante tendrá un cuerpo inútil por el resto de la vida. En momentos como estos me acordaba de las enseñanzas de Sai Baba "No eres el cuerpo; no eres las emociones; no eres el intelecto; Eres un ser divino; Eres un ser Supremo".

Rehabilitación física

Nunca se me ocurrió que caminar también es una función del cerebro. Nueve días después de la cirugía, comencé la rehabilitación con una intensa terapia física. Pensé: "¿Es que he quedado como una parapléjica con pocas esperanzas para caminar"? Lo que fue más doloroso fue compartir el piso y sala de rehabilitación con tantos jóvenes incapacitados por accidentes de automóvil y motocicleta. El caso más impactante, era el de una joven cubano-americana lindísima, que sólo podía comunicarse mediante el movimiento de sus ojos. La mayoría de estos pacientes sufrían dolores, algunos tenían corsé ortopédico en el cuerpo, como Christopher Reeves, la estrella de *Superman*.

Mi pánico fue tal que cuando me trajeron una silla de ruedas, le dije a la enfermera: "llévensela lejos, no quiero ver una silla de ruedas en mi habitación. Voy a caminar de nuevo." No tenía equilibrio y por supuesto no podía caminar, mis piernas estaban débiles y todos mis músculos flácidos. Enviaron a un veterano de la guerra de Iraq, un hombre fuerte pero muy generoso que me animó a mover las piernas marchando como un soldado.

Comencé mis sesiones de rehabilitación de cuatro horas diarias con el entusiasmo de un corredor de maratón. Hubo todo tipo de aparatos increíbles, pero fueron los terapeutas los que más me ayudaron. Durante mi estadía en el hospital Jackson Memorial, enfermeras de al menos 30 países me asistían. Realmente, el mundo entero me ayudó a sobrevivir esta crisis. Las haitianas especialmente tenían una gran sensibilidad. Todo el cuerpo me dolía, pero me esforzaba a lo máximo. El terapeuta me decía: "descansa, descansa". Yo respondía: "¿Cómo puedo yo descansar si no puedo caminar? ¡Empújame más porque necesito caminar!"

Desde que yo tenía veinte años, había practicado yoga, danza moderna, danza del Medio Oriente y natación. Los terapeutas físicos se sorprendían de mi progreso; cada día que pasaba yo avanzaba. Me dijeron que mi cuerpo respondía debido a todos los años de disciplina de yoga y mi orientación a la salud. Lo primero que hago al despertar es hacer un ejercicio de yoga invocando: "energía cósmica me envigoriza, me rejuvenece, me sana," este consiste en levantar los brazos y las manos sobre la cabeza, bajándolos lentamente por el cuerpo hasta sentir el poder de su propia energía con las manos frente al plexo solar. En todo momento, pedía la intervención divina.

Después de 10 días de intensa rehabilitación, podía caminar pero no de forma independiente; tambaleaba, aún no tenía equilibrio. Mi estrategia era no usar un caminador o un bastón, sólo me apoyaría a otro ser humano.

Juego divino de Swami

A través de los años que llevo meditando, siempre le he pedido a Swami que me ayude a abrir mi corazón y llenarlo de amor, ¡nunca se me ocurrió pedirle abrir mi cráneo! Obviamente, durante esta prueba mi relación con Sai fue como un paseo de montaña rusa. Para poder calmarme hacía *pranayama* sin parar, repetía el *Gayatri mantra*, y llamaba a Baba constantemente.

Mis talismanes incluyen aretes de *Shiva Lingam* y una medalla, ambos materializados por Swami. La medalla tiene la imagen de Sai Baba en un lado y la de Shirdi Sai Baba en el otro lado. La mayoría de la gente lo notaba, y la típica pregunta era: "¿es tu novio?" Mi respuesta era "es mi maestro espiritual." A veces les daba una explicación más extensa.

Dios vive en la India es un DVD de una presentación en *Gurú Purnima* en el 2006, que consiste de canciones originales por las hermanas Bailey, en el que tuve el honor de participar. En la sala del hospital, lo tocaba sin parar, junto con *Bhajans*; este era mi altar. Todas las personas que entraban en mi habitación me decían que era la más tranquila de todo el piso.

Sin embargo, a veces sentía que Swami me había abandonado aunque su presencia se manifestara de manera sutil. Desde el principio, me dieron una recámara de lujo, debido a la participación de mis ex-colegas en la Fundación del hospital. De hecho, cuando entré en la habitación estaban televisando un documental sobre la India. También recibí un paquete por correo urgente que un amigo devoto de Sai me envió con agua de *lingam* y *vibhuti*, lo que consumí rápidamente.

Aún así, después de tres semanas en esta lucha y dura prueba, yo anhelaba un signo más dramático de Baba. En el pasado me había bendecido con sueños, incluso *vibhuti*, *amrith* y materializaciones. Ahora, entre dormida y despierta, vi a Baba en su silla de ruedas dar instrucciones del lado izquierdo a cuatro sacerdotes hindúes, haciendo una *puja*. Podía ver las llamas, flores, arroz, más que claro el *abishekam*. Recordé con nostalgia los doce días que había presenciado el *ati rudra maha yagna* en Kulwant Hall el verano del 2006, y del cual yo no había perdido un minuto. A mi derecha habían cuatro ángeles. Baba también les daba instrucciones para que me ayudaran a recuperarme. Esta era la visión que yo ansiaba, la que me inspiró profundamente. Aún así, el drama se desenvuelve….

Un diagnóstico devastador

Continuaba tomando fuertes medicamentos anti-inflamatorios y anticonvulsivos, pero gracias a Baba nunca sufrí de dolores de cabeza ni de convulsiones, antes o después de la cirugía. Los efectos secundarios de estos medicamentos hacían estragos con mis emociones. ¿El tumor se eliminó, pero ¿es benigno o maligno? Al principio nos dijeron que era benigno. Al comunicarles esto a familiares y amigos estaban muy contentos por mí. Posteriormente, el neurocirujano nos explicó que, aunque oficialmente era maligno, el tumor era 99% benigno. Antes de que me dieran de alta en el hospital, Mauricio insistió en obtener una cita final con el Director de neurocirugía. Por fin, este médico sin gabacha, vestido con traje de tres piezas, me indica que el tumor era maligno y tenía que seguir tratamiento de radiación; ¡caramba! él me está dando una sentencia de muerte. En ese momento, mis emociones se revuelven como un huracán turbulento, imposible de describir.

Nos reunimos con el Director de Oncología, quien me explica los procedimientos para el tratamiento de que debo emprender. Él me infunde miedo, implicando que si no me someto a dicho tratamiento, el tumor podría volver, y entonces necesitaría otra cirugía. Le respondí: "Prefiero morir antes que permitir que me abran el cráneo nuevamente." Me puse a hacer respiración profunda para no perder mi cordura; él se molesta hasta el punto de decirme: "¡jovencita, te vas a hiperventilar y caerás redonda en mi piso!" El quería que comenzara los tratamientos inmediatamente y los continuara durante seis semanas. Por otra parte, sería la esposa del médico de aspecto corporativo quien me daría la quimioterapia, el tratamiento que yo más temía. "¡de ninguna manera!" le dije, "si voy a someterme a esos tratamientos, lo haré en Nueva York, donde tenemos donde vivir y allí están todos mis juguetes. ¡Parece que no sólo soy una paciente sino que claramente una cliente!" Él respondió: "¡Lo que le plazca, señora!"

Volver a Honduras

Había que hacer una decisión crucial. Mi cuerpo, mi cerebro y mis emociones estaban agotados. Mauricio, quien estaba a cargo de mi atención médica, también se estaba agotando. Nueva York estaba en pleno invierno lo que es contraproducente para mi anemia. Decidimos posponer cualquier otro tratamiento y regresar a nuestro pedacito de paraíso en Honduras para descanso y recuperación. Después de todo es allí donde me salvaron mi vida.

Mi hermana, Leslie vino desde Canadá para acompañarnos en Honduras. Es una persona muy tranquila por naturaleza, quien tiene su propia escuela Montessori, y ella supo lidiar con mi agitación emocional. Un grave efecto secundario de la medicación anti-inflamatoria es la ansiedad, junto con agresividad. Tomé una píldora contra la ansiedad pero odié la manera en que me hizo sentir. Yo quería controlar estas emociones de manera natural, a través de la meditación, los ejercicios de relajación, las visualizaciones, y de todas las herramientas que había experimentado a lo largo de los años con los mejores maestros de yoga.

En cuanto llegamos a Honduras, fui a saludar a los médicos que me diagnosticaron el tumor en el cerebro, el Dr. Melgar y el Dr. Sierra; quería abrazarlos y decirles lo agradecida que estaba por haberme salvado la vida. Ellos me aseguraron que no necesitaba la quimioterapia, solamente la radiación como medida de precaución. Con enorme calidez humana me consolaron, aconsejaron y me dieron fortaleza para seguir luchando.

Nuestra villa en Palma Real, rodeada por el mar y las montañas con una frondosa naturaleza, se convirtió en mi santuario de curación. Continuaba haciendo mis ejercicios de manera disciplinada. Caminar sobre la arena por el mar al amanecer me ayudó a recuperar el equilibrio y a caminar sin ayuda. Temprano en la mañana el cielo es como el *Mandir* en *prasanthi nilayam* – de color rosa y azul celeste, con rayos dorados y plateados - ¡Es impresionante! Respirando el aire puro, me ponía más fuerte de día a día. Anteriormente siempre necesitaba caminar acompañada; todavía temía caerme. Es tan maravilloso recuperar la confianza en el caminar de nuevo. Al final de esta estadía caminaba un kilómetro cada mañana.

Estoy tan agradecida a la madre tierra, la familia, los amigos y mis queridos hermanos y hermanas Sai quienes me incluyeron en la red de oración. ¡Ven. Las oraciones dan resultado! Todos los días de mi vida, doy las gracias a Baba. Me considero *el milagro andante de Swami*.

Nueva York: rayos de fotones

En Nueva York, tuve que enfrentar la realidad. Fue un alivio encontrar una neuro-oncóloga que tenía la misma opinión que mis médicos en Honduras; me dijo que la quimioterapia era innecesaria, y que hubiera sido contraproducente empezar la radiación inmediatamente después de la cirugía.

Ahora yo participo en las decisiones de mi tratamiento. La radiación es un reto. Envía fotones a la zona del tumor para asegurarse de que las células malignas mueran. Mauricio lo llama un ataque preventivo. Es guerra, con daños colaterales: células inocentes también perecen. La alternativa es esperar y ver qué pasa, haciéndome resonancias magnéticas periódicamente, y explorando la medicina natural.

Ya con una frágil memoria a corto plazo, más intervención médica me preocupa. Olvido cosas tales como apagar la vela después de meditación, apagar la estufa después de cocinar, olvido mi billetera cuando voy al mercado. Cada vez que me vuelvo loca buscando algo que he extraviado repito: *Om Gam ganapathaye namah*, entonces increíblemente, *Ganesh* elimina los obstáculos y

encuentro las cosas. Necesito la intervención
divina, incluso en los más mínimos detalles.

Después de haber pasado a través de la crucifixión,
no temo la muerte. Temo perder mi capacidad
mental, convertirme en una carga para otros,
perder la calidad de vida. Después de tener
consultas buscando una segunda y tercera opinión,
el Director de Oncología en Weill-Cornell y
Columbia Presbyterian en Manhattan me re-
aseguró que después de la radiación, el tumor no
volverá y que podré sobrevivir "por los próximos
cuarenta años." Sin más titubeos, acepté el
tratamiento.

Al comenzar la radiación, tengo que enfrentarme
con un enorme acelerador lineal; desconfiaba de la
competencia de los técnicos, y de las posibles
fallas de la máquina. Lo único que me daba
esperanza era pedirle a Sai Baba que vigilara la
eficiencia de esta intervención. Usaba técnicas
como visualizar el hermoso amanecer caminando
por el mar. Colocaba la imagen de Sai Baba en el
corazón de los técnicos, enfermeras y médicos que
estaban atendiendo mi caso. Me decía: "muy
pronto terminará este tratamiento y estaré liberada
y saludable". ¡Adivinen que! Sólo para
tranquilizarme, Baba envió a un nuevo técnico y

ella es devota de Shirdi Sai Baba, la reencarnación anterior de Sai Baba. Cuando me
presento para otra resonancia magnética,
conversando con la recepcionista, me informa que
sus padres tienen un centro de Sai Baba en Boston.
Leelas de Swami.

La noche antes de una de tantas resonancias
magnéticas, Baba apareció en mi sueño: me
encontraba en un teatro lleno de gente, estaba
sentada en medio de la audiencia a la orilla del
pasadizo. Baba caminaba dando *darshan* hacia el
podio. Se detiene cuando me ve a mí, toma mi
cabeza y pone su frente en mi frente, dos veces.
Me despierto contenta. Este sueño me quitó
cualquier temor, me convenció que él está
vigilando mi salud.

Vivir en el presente

Hemos estado ensayando una nueva canción con
las hermanas Bailey, *gratitud*, la cual expresa
exactamente lo que yo siento de todo corazón.
Siempre recuerdo que en una entrevista, Baba me
dijo: "¡vive en el presente, vive en el presente,
vive en el presente!" No es fácil porque aun
después de un encuentro con la muerte, la mente

de mono que tenemos, continúa con sus payasadas. Casi siempre, caminamos con un signo de interrogación encima de la cabeza, preocupados por el futuro, también recordando experiencias del pasado. Para este 'milagro andante', la enseñanza más fácil que Baba nos ha dado, es todavía la más profunda:

"Empieza el día con amor, pasa el día con amor, termina el día con amor, ese es el camino a Dios".

OM SAI RAM

Canción a Swami

Venimos con tanto estrés
Para encontrar un poco de paz
El viaje es largo y duro
Pero al final es gentil

Sri Sathya Sai – eres mi amigo
Sri Sathya Sai – eres mi guía

De Nueva York a Puthaparthi
Venimos con gran esperanza por tu darshan
Nos das tu amor y bendición
Entramos en bienaventuranza

Sri Sathya Sai – eres mi amigo
Sri Sathya Sai – eres mi guía

Cada paso que damos hacia ti
Para conquistar las dudas y tristezas
Tu luz nos guía y nos da esperanza, Señor
De caminar en un mundo sin temor

Sri Sathya Sai – eres mi amigo
Sri Sathya Sai – eres mi guía

Vibhuti, amrith y bhajans
Tus milagros nos hacen suspirar
Perfección, sabiduría y humor
Tu ingenio es un regalo perfecto

Sri Sathya Sai – eres mi amigo
Sri Sathya Sai – eres mi guía

Sri Sathya Sai

Glosario

Abhishekam deidad	Baño ritual de la estatua de la
Akhanda Bhajan	Una sesión continua de 24 horas de cantos devocionales
Amrith	Néctar divino
Ashram	Residencia para Santos y aspirantes espirituales
Avatar	Una encarnación de Dios
Ayurveda	Medicina tradicional de la India
Bardo	concepto Tibetano de estado de transición entre encarnaciones
Bhajan	Canción devocional
Libro de Bhrigú	Libro de astrología antigua de la India
Chakra	Centro de energía en el cuerpo humano
Darshan	Ver a una persona Santa
Dasara	Festival tradicional hindú de la victoria de la luz sobre las tinieblas

Derviche	Un baile de la tradición musulmana sufí
Dosa	Panqueque relleno de patatas o verduras
Dhoti	Prenda de vestir masculino hindú envuelto alrededor de la cintura
Durga	Deidad femenina, personificación de la energía física
Ganesh	Deidad con cabeza de elefante, removedor de obstáculos
Gayatri Mantra	Antigua oración Védica
Gurú	Maestro, Guía de liberación espiritual
Henna	Adorno cosmético para las manos, pies y cabello
Homa Védicos	Chimenea utilizado en rituales
Jñāna	Sabiduría, conocimiento espiritual
Karma	Ley de causa y efecto en las acciones humanas
Leela	Juego divino
Lingam dios Shiva	Un símbolo en forma de huevo del

Mala	Rosario
Mandir	Templo
Mirabai	Una santa hindú
Om	El sagrado sonido primordial del universo
Omkar	Canto Védico
Padnamaskar	Tocar los pies de una persona Santa
Prasad	Alimentos bendecidos en ritual devocional
Prasanthi Nilayam	Morada de la paz, el *ashram* de Sri Sathya Sai Baba
Prema	Amor divino
Puja	Altar, ritual religioso
Pundit	Experto Religioso
Rakshasas	Demonios mitológicos
Ramayana	Una antigua épica sobre la vida de Rama, una encarnación divina
Sadhana	Disciplina espiritual
Sadhu	Monje, renunciante
SAI	Sathya Sai Baba, madre divina

Samsara	El mundo ilusorio material
Saraswati	Diosa de la sabiduría y la comunicación
Sathya cambia	Verdad, la realidad divina que no
Satsang	Reunión de aspirantes espirituales
Satvic pacíficos	Calidad equilibrada, con fines
Seva	Servicio
Seva Dal	Voluntarios en el *ashram*
Shiva	Dios de la Trinidad hindú (Brahma-creación, Vishnu-preservación, Shiva-disolución)
Shivaratri	Festival hindú a Shiva, tiempo auspicioso para la realización personal
Swami	Un nombre cariñoso para el maestro espiritual
Tambora	Instrumento de cuerda tradicional, fondo de la música clásica de la India
Vedas	Las escrituras más sagradas de la India, de antigua tradición oral

Veena	Instrumento de cuerda del sur de la India, asociada con la diosa *Saraswati*
Vibhuthi	Cenizas sagradas, a menudo s materializadas por Sai Baba, con propiedades curativas
Yagna	Antiguo ritual Védico
Yoga	Disciplina espiritual para llegar a la conciencia de Dios
Yogi	Un practicante de yoga